AF555805

VOCABULAIRE PATOIS

DU

PAYS MESSIN.

VOCABULAIRE PATOIS

DU

PAYS MESSIN.

Par JACLOT, de Saulny.

Les connaissances sont nécessaires et utiles ; elles contribuent à l'agrément de la vie et sont la base véritable du bonheur.

PARIS

BORRANI ET DROZ, libraires-éditeurs, rue des Saints-Pères, 9. | DUMOULIN, libraire, quai des Augustins, 13.

1854.

SAINT-NICOLAS (MEURTHE), IMP. DE P. TRENEL.

INTRODUCTION.

Le *Vocabulaire patois du pays Messin* que j'offre au public est loin d'être complet. Pour la tâche que j'avais à remplir, je me suis contenté de lire les quelques écrits patois du pays, et de recueillir les mots qui m'étaient familiers. En expliquant ces mots, je n'ai pas cru devoir indiquer leurs racines, l'espace dans lequel je me suis circonscrit ne me le permettait pas.

Pour ce qui regarde ma manière d'orthographier, je préviens le lecteur que j'en ai créé une toute particulière pour deux raisons : 1° parce que je n'ai pu adopter l'orthographe en usage dans la Lorraine, cette orthographe n'étant appuyée sur aucun principe fixe, et variant même au gré de chaque auteur ; 2° parce que j'ai voulu offrir à mes lecteurs les termes de l'idiome en usage dans notre contrée, avec leur prononciation vraie. Il sera donc facile à toute personne qui aura examiné avec soin cette introduction de se convaincre que chaque mot peut se lire et se prononcer tel qu'il est écrit.

Il est, à la vérité, quelques articulations étrangères à la langue française et qu'aucune explicalion ne saurait rendre facile à quiconque ne connaît que cette langue ; mais cette difficulté est peu de chose en comparaison des obstacles qui se rencontrent dans l'étude des langues de l'Europe.

Les voyelles *a*, *i*, *o*, *u*, ont le même son que dans le français. J'observe seulement que pour leur donner un son plus ouvert et plus allongé, je les ai surmontées d'un accent circonflexe. Je n'ai pu faire de même pour *e*, qui, sous cet accent, se serait prononcée *è*. Quand cette lettre est placée au milieu d'un mot, l'usage devra suffire pour lui donner le son qu'elle doit avoir ; mais, placée à la fin, on saura qu'elle est longue, lorsqu'elle sera double.

A précédant ou accompagnant la syllabe ille (aille) se prononce comme en français, dans les mots *taillant*, *taille*, *tailleur*.

E muet se prononce dans la langue française comme *eu* ; mais dans celle-ci, cette lettre ne produit aucun son.

H est toujours aspiré.

K. Ayant trouvé que cette lettre employée à l'exclusion du *c* ou du *qu* diminuerait la difficulté de la prononciation, je me suis souvent servi de cette première avec d'autant plus d'avantage qu'elle conserve le même son devant toutes les voyelles.

T se prononce comme en français, soit au commencement ou au milieu d'un mot ; il ne tient jamais la place du *ç*.

W. J'ai employé le double *w* en remplacement de la diphtongue *ou* pour en faire saisir plus promptement la véritable prononciation.

Y ne s'emploie que pour mouiller ; il n'a jamais le son d'un double *i* comme en français, quand même il serait placé dans un mot entre deux voyelles.

Ch a une articulation particulière que nul signe ne peut représenter en français ; ces deux consonnes que je considère comme une lettre, est la plus difficile de toutes pour les étrangers et il est même impossible de la rendre sans l'avoir entendue de la bouche d'un maître. Cette articulation s'aspire fortement et se prononce du gosier ; elle a le même son que l'aspiration des allemands dans les mots : *Euche*, *Beuchté*, *Ambeuche, Frécheure*, etc. Cette aspiration n'est pas générale, car dans quelques cantons, et même d'un village à l'autre, *ch* se prononce comme en français.

In. Il est difficile de rendre le son de ces deux lettres, que l'oreille seule peut saisir ; par exemple, le mot patois *vin* s'écrit comme en français, mais il se prononce bien différemment. Pour en donner une idée, je dirai qu'il frappe l'oreille à peu près comme dans les trois premières lettres du mot français *vinaigre*.

Les lettres finales *b*, *d*, *g*, *m*, *n*, *p*, *s*, *t*, ne se font sentir que lorsqu'elles précèdent un *e* muet.

Je crois que ce court exposé suffira pour mettre le lecteur au courant de lire le patois du pays Messin. J'aurais voulu lui faire remarquer les changements de quelques lettres, notamment le *G*, qui permute très-souvent avec l'*H* et le *W* (j'en ai consigné quelques-unes dans le corps du vocabulaire) ; mais ces explications m'auraient mené trop loin, j'ai préféré reculer ce travail que j'étendrai dans *la Grammaire lorraine*, où il me sera plus facile de donner des exemples qui ne peuvent entrer dans cette introduction.

On dirait que ceux qui ont écrit en dialecte de la Lorraine ont voulu se rapprocher autant que possible de l'orthographe de l'Académie française. Cette habitude, assez malheureuse, selon moi, dénature entièrement leurs compositions. Il ne s'agit pas de mettre le patois à la portée des gens du monde, mais de le présenter dans toutes ses formes natives aux savants qui ont la patience de le consulter.

La recherche des patois n'est pas pour eux un objet de curiosité frivole. Une comparaison judicieuse peut jeter un grand jour sur l'histoire obscure du moyen-âge. Malgré leur altération, les langues sont encore le monument historique le plus complet, celui qui peint le mieux le caractère des peuples et des migrations successives.

Dans le *Glossaire Lorrain* que je prépare et pour lequel j'ai déjà beaucoup travaillé , je donne les mots tels qu'ils se prononcent en saisissant leur naïf, leur vrai caractère. Je ne me laisse pas entraîner au néologisme qui est pour moi un sujet de lutte et un poison dangereux. Je remarque les différentes prononciations et les compare, en ayant soin d'indiquer où cette manière de prononcer est en usage. J'étudie leurs nuances, leurs articulations et fais une remarque à chacune de celles qui sont dignes d'être relevées. Les coutumes , les usages, les traditions, etc., accompagneront l'explication des mots qui y auront trait, et une traduction rigoureuse éclaircira les locutions obscures, ou qui n'auront pas de termes français correspondants. Avec cette sorte de glossaire (patois-français et français-patois), on verra la richesse du patois lorrain en général, et à l'aide de cet ouvrage on pourra mettre en lumière ce qui était jusqu'ici dans l'obscurité. Tel est le but que je me propose,

Je prie MM. les gens de lettres et toutes autres personnes qui auraient quelques observations à me faire, de vouloir bien me les adresser ; leurs communications seront reçues avec reconnaissance.

VOCABULAIRE PATOIS-FRANÇAIS.

A.

A, voyez *O*.
Ache, aise.
Acheur, avoir,
Alhote, oseille.
Ambâné-aye, se dit d'une personne dont la chemise est ouverte, qui fait voir sa gorge ou sa poitrine.
Ambârgé-aye, qui est déjoint ; déjoindre.
Ambèhlé-aye, qui a perdu sa force par l'évaporation, en parlant des liqueurs.
Ambènèye, paturage commun.
Ambicionous-erosse, ambitieux-se.
Ambliowté-aye, ébloui-ie-ir.
Amboûlé-aye, mêlé, embrouillé, éparpillé, répandu.
Ampafé-aye, empiffré-ée-er.
Ampanre, allumer, se dit du feu.
Ampéllé-aye, combustible qui commence à brûler.
Ampowtaû, épouvantail, haillon mis au bout d'un bâton, dans les jardins, dans les champs, pour effrayer les oiseaux.
Ampoûte, emporte.
Ampreume, seulement ; *j'èrive empreume ènu*, j'arrive aujourd'hui seulement.
Amprin-se, allumé-ée.
Anclious-se-r, enfermé-ée-er.
Ancré-aye, rester dans un mauvais pas, — ne pouvoir plus avancer, — être dans une mauvaise affaire,— lié avec quelqu'un.
Ancréholé-aye, suspendu en équilibre, — qui a des affaires pardessus la tête.
Ancrèmié-aye, mêlé, embrouillé, confus, en parlant d'un écheveau.

Andan, étendue ou longeur d'un pré qu'on fauche, — rang ou suite d'herbes coupées, — enjambée.

Andu, au lieu.

Anfée, enfer.

Anférnahié-aye, voyez *frovié*.

Anférnowé-aye, noué par tous les bouts, difficile à défaire, en désordre ; se dit du fil, de la ficelle, etc.

Anfeuté-aye, empiré-ée-er, en parlant d'une plaie.

Angaulé-aye, avaler tout crû, sans reprendre haleine.

Angomiché-aye, pris adroitement, voler, escroquer.

Angon, gond d'une porte.

Angrahié-aye, étendre les cendres, la terre, le sable, comme font les poules.

Ankeuvelé-aye, arranger le linge dans un cuveau pour le lessiver.

Anlevin, élève.

Anlire, démêler le bon du mauvais.

Anloute, éclair.

Annolaye, départ.

Annolé-aye, parti-ie-ir.

Annovré-aye, occupé-ée-er.

Annoyance, ennui.

Aniésse, femme de peu de conception.

Anroyé-aye, enrayé-ée-er, qu'on commence à labourer ou qui est commencé, en parlant d'un jardin, d'une croue, etc.

Ansue, mal, disposé, non prêt.

Antipodes, extrémité inférieure de la terre.

Antonu, entonnoir.

Antuna-te, qui est importun.

Antuné-aye, importuné-ée-er.

Anvanté-aye, se dit des liqueurs qui deviennent âpres ou fades par l'évaporation.

Anvoyu, nom que les écoliers donnent à un jeu qui consiste à lancer en l'air une espèce de trait, fort court, au moyen d'un coup donné sur une baguette élastique.

Are, ciel, firmament, aurore.

Arié-aye, aéré-ée-er, arrher.

Aubéne, à découvert.

Aulusse, tournure, détour, cacher sa pensée, ses desseins.

B.

Bá, espèce de selle que l'on met sur le dos d'un âne.
Bacelote, voyez *Guèchote*.
Bâilla-te, qui jette des cris.
Bâillé, crier.
Bâhié-aye, baisée, ée, er.
Bandé, bandeau.
Bangarde, garde-champêtre.
Baudo, baudet, — chevalet à l'usage des cardeurs de laine.
Bauhè, étui à l'usage des faucheurs, dans lequel on met de l'eau et la pierre à aiguiser.
Bauille, ampoule, cloche à la peau produite par l'effet de la chaleur, ou par le frottement d'un corps dur.
Baullé-aye, troublé-ée-er, en parlant de l'eau.
Baute-fu, esprit contrariant, querelleur.
Bauquote, fém. de *Bauquin*, — petite meule de foin dans un pré.
Baurguégniote, chevalet pour scier le bois.
Bauriquaye, la charge d'une bourrique.
Bautié-aye, qui a des boutons sur le corps, maladie de peau.
Bècbossié-aye, sinuosité, tortueux-se.
Bèche (sè), ici-bas.
Bèchowe, hotte en bois qui sert à porter le vin et le raisin.
Béguenote, cuillère en bois à long manche, à l'usage des cuisiniers.
Bèheuta-te, qui tousse par habitude.
Bèheuté, tousser, se dit des moutons et quelquefois des personnes.
Béilboque, espèce de chandelier en bois, sur lequel repose un autre chandelier ; cet objet est à l'usage des veilleuses.
Bèldéhèle, se dit d'une personne dont on est bien aise d'être débarrassé.
Bèlle-lurrète, il y a longtemps.
Bèllemant, doucement, tranquillement.
Bènète, tablier à coin rond, à l'usage des vignerons.
Bèrbauilla-te, barbouilleur-se, mauvais discoureur, qui ne sait la plupart du temps ce qu'il dit.
Bèrbauillé-aye, barbouillé-ée-er, — parler sans savoir.
Bèrra, bélier.

Bèture, battoir, palette de bois pour battre la lessive.
Beuchot, bichet, mesure de capacité encore en usage dans les campagnes.
Beuchote, buchette, menu bois.
Beuchté, objet creux, vase dont on se sert journellement.
Beûjo, petite cuve.
Beulosse, bossette que l'on se fait au front par l'effet d'un coup.
Beulossié-aye, bosselé-ée-er, bossuer.
Beurté, sac de laine qui, dans le mécanisme du moulin, sert à tamiser la farine.
Beute, vase, — but, — bout d'un outil creux dans lequel on enfonce le manche.
Beutin, mobilier de peu de valeur, — hardes.
Beuyâte, parc non coupé.
Bèvous-se, baveur-se.
Bèvrotte, ou *bèvron* bavette.
Bezagne, hardes, effets.
Bibiche, Barbe.
Bîche, berceau d'enfant.
Bîchié-aye, qui est bercé, une personne se *bîche* quand elle marche en se dandinant.
Bichon, Barbe.
Bieur, beurre.
Biossu, lieux bas et marécageux, — endroit où l'on fait mollir les fruits.
Bisqué, être contrarié.
Bliache, Blaise.
Bliauque, boucle.
Bliédrôme, fruit du maïs.
Blième, flamme.
Bliémé-aye, blamé-ée-er.
Blioque, billot.
Blios-se, blet-te, se dit des fruits trop mûrs.
Boché-aye, frappé-ée-er, qui est frappé.
Boco, de trop, en plus du compte, ce qui ne peut être partagé.
Boglia-te, qui bégaie.
Bok, lait que donnent les vaches, les premiers jours après leur délivrance.
Boké, tinter.
Bollé-aye, voyez *treuplé*.

Bonte, borne.
Bôqua-te, boudeur-se.
Boqués-se, boiteux-se.
Boquia-te, qui frappe.
Boquié, faire du bruit, frapper.
Boquious-se, bûcheron-onne.
Bouaye-é, lessive-er.
Boucan, noise, querelle, dispute.
Boûche, botte de paille.
Boudraye, de peu de durée, de temps en temps.
Bouétous-se, boiteux-se.
Boûgne, borgne, espèce de couleuvre.
Boûron, petite lessive.
Bowe, fosse, creux dans la terre.
Bowé-aye, japper, — objet creux et qui donne un son.
Bowée, petite armoire pratiquée dans un mur.
Bowlote, moucheron.
Bôzèk, saligot, dégoûtant.
Brahemant, bellement, bonnement, tranquillement.
Branchote, petite branche.
Branchu-owe, arbre pourvu de branches.
Brarèye, pleurs, chagrins.
Braube, boue.
Braubê, bourbeux.
Braubous-e, boueux-se.
Brauve, joli, bien paré.
Brèbauille, rien, il n'en reste pas, il n'en est rien.
Brédu, lien qui tient les bretelles d'une hotte en sapin.
Bréquelote, personne qui consulte les urines.
Brésquénia-te, mauvais ouvrier.
Brésquénié-aye, fait par un *brésquénia*.
Breuche, brosse.
Breuchié le vante, se passer d'une chose, de manger.
Breuchive, qui ne refuse aucun manger.
Brézié-aye, fait à la hâte, mal arrangé, difficile à défaire.
Brèzau, brasier.
Bricawé, espèce de lézard qui vit dans l'eau.
Briffe (an), être affairé, en course, être intrigué, en peine de savoir.
Brigollé-aye, de diverses couleurs, bariolage.

Brihu, vorace, qui mange en glouton.
Bringue, mauvais cheval.
Brondené-aye, bourdonner, produire un bourdonnement.
Broque ou *broye*, instrument qui, en écrasant le filament du chanvre, le dépouille de sa rudesse.
Broquote, petite dent, — clou à petite pointe et grosse tête, employé par les cordonniers.
Brouandéne, marmelade, tombé en pamoison.
Brouwi, brûler à demi, en parlant des étoffes, quand elles sont trop près du feu.
Broûyotte, poussière qui sort d'un lit, parcelle de plume qui se repose sur la tête, atome.
Browon, mollet.
Brusse (i), il tombe une pluie fine.
Brussote, bruine, pluie fine.
Bruya-te, qui mugit.
Bruyé, mugir.
Bûllaye, feu qui jette de grandes flammes, grand feu.

C.

Ca, voyez *co* ou *anco*.
Câgnâ-te, qui louche.
Câgné-aye, loucher, regarder de travers, lorgner.
Camant-e, qui va *camandé*.
Camandé, quêter, mendier.
Campoussié-aye, poursuivre à coups de pierre, courir sus.
Cariau, carreau.
Caûlée-aye, voyez *châlo*.
Cauméillé-aye, délayer, mêler une matière claire.
Cautange, coût, prix d'une chose.
Cautangé-aye, induit en dépense.
Cautèle, baliverne, conte bleu, discours insignifiants.
Cénote, panier d'osier à jour.
Châ, prononcez *hhâ*, entaille.
Chabouré, ébouriffé, mal vêtu, être dans son négligé.
Châillé, se chauffer en écartant les jambes devant le feu.
Châlo, homme qui a peu d'énergie, d'activité, de célérité.
Chambri, treille.
Chanchéne, stérile.

Chanchu-te ou *owe*, stupéfait-e.
Chancrôquenion, celui qui se mêle des affaires du ménage.
Chandelour, voyez *chandeûlle*.
Châni, charnier, en châtre ; — une vache a le pis *châni*, quand il est enflé.
Chanvié-aye, ouvrier qui travaille le chanvre.
Chaubrauillé-aye, mauvais ouvrier, ouvrage mal fait.
Chaubrauillement, ce qui est chaubrauillé.
Chaucré, pressureur.
Chaucu, pressoir.
Chaudé-aye, piqué, être piqué par des orties.
Chaudure, orties.
Chauillant-e, glissant-e.
Chauillu, glissoir.
Chaussote, chaussette.
Chèclion, groupe de fruits à une branche.
Chée, voitures à quatre roues.
Chégna-te, qui pleurniche.
Chégné, pleurnicher, pleurer en reniflant comme font les écoliers.
Chégné-lés-dants, grincer les dents.
Chè-heurant, chat-huant.
Chèmée, boîte sans fond dont le dessus est à jour, servant à couvrir un couvet.
Chèmote, chemisette.
Chénaye, épine dorsale.
Chéne, échine, épine du dos ; — petite parcelle de bois qui entre dans les doigts.
Chènevérue, chenevottes.
Chénevire, chenevière.
Chénon, espèce de boîte ronde sans fond ni couvercle, dont on se sert pour faire égoutter le lait caillé, et pour donner une forme au fromage.
Chèpauillé-aye, chamaillé-ée-er, battre.
Chèpauillous, *rosse*, chiffonnier-ière.
Chèpé-aye, échappé-ée-er.
Chèpio, ciseau de maçon.
Chèqu'in, chacun, chaqu'un.
Chèraye, ce que peut porter une voiture.
Chére, charge de comestibles à vendre.

Chère-dudu (porter à la), porter une personne à deux, en croisant les mains.
Chèrgoté-aye, balancé-ée-er.
Chèrgotu, balançoire.
Chérir, sentier d'une forêt.
Chèrmé-aye, ensorcelé-ée-er.
Chèrowe, charrue.
Chèssant-e, adonné à la friandise, gourmandise.
Chèsson, petit chat.
Chèssure, mèche d'un fouet.
Chètée, château.
Chèture, rûche d'abeilles.
Cheuro, accroc, déchirure.
Cheut, but d'une affaire, — fin.
Chèvan, panier à l'usage des vendangeurs.
Chèveno, petit *chèvan*.
Chèviote, goupille, petite cheville.
Chèvo, oreiller.
Chèvote, corde entrelacée autour de la tête d'un cheval, d'une vache, lorsqu'on veut les conduire en pâture.
Chèvreu, chevreau.
Chèye, bûche.
Chieule, échelle.
Chirote, petite chaise, chaise d'enfant.
Chirouille, papillote, cheveux bouclés.
Chloné-aye, battre, corriger.
Choc, interj., qui exprime la sensation du chaud.
Choche, sec, sèche.
Chocherèsse, sécheresse.
Choflié-aye, soufflé-ée-er.
Cholé, haleine, exhalaison.
Cholot, noix, fruit du *choloti*.
Choloti, noyer.
Cholouotte, copeau.
Chorié-aye, qui a l'oreille coupée.
Chou, interj., qui exprime la sensation du froid.
Choûbure, paille peignée au rateau.
Choûe-mée, essuie-mains.
Chouwé-aye, essuié-ée-er.
Chowé-aye, lavé-ée-er, se dit du linge lessivé.

Chpékeur, grand et gros clou.
Cisiau, ciseau.
Cliampin, négligent, lambin.
Clianche, cloche, — loquet.
Clianché-aye, ouvrir le loquet d'une porte.
Cliant, cueillant.
Cliarié-aye, de bonne humeur, gaie.
Clichet, petit verrou plat.
Clièrté, clarté.
Cliésso, flot d'eau, de vin, etc., qui s'échappe d'un vase quand il est cahoté.
Clieûe, claie en osier, ou espèce de panier oblong, dans lequel on met sécher les noix.
Clioquè, pas dire un mot.
Clioûe, clou.
Clious-se, v., fermé-ée-er.
Clioûsse, écluse.
Clouire, oiseau de l'espèce de pie-grièche.
Clubossié-aye, éclaboussé-ée-er.
Cluché, couvercle.
Cocolijaû, coquelicot.
Codelé-aye, entrelacé-ée-er, cordeler.
Cofe, peau de pois, de fèves, de lentille, etc.
Cofé-aye, écossé-ée-er.
Cofée, cosse, enveloppe de certains légumes, comme haricots, pois, lentilles.
Cognieulle, fruit du cornouiller.
Colinâ-te, qui aime à *coliné*.
Coliné, s'entretenir de peu de chose.
Coltuvé-aye, cultivé-ée-er.
Compèrsonié, compagnon, camarade.
Compourté, comporter.
Compouzié-aye, composé-ée-er.
Cona, voyez *cono*.
Condolance, beau parler, jactance, bavardage.
Consaille, conseil (donner un).
Convèré, conviendra.
Copillo ou *copliure*, sec, qui n'a que la peau et les os.
Coplièye, couple (une).
Coquia-te, qui chatouille.

Coquié-aye, chatouillée-ée-er.
Còrboille, corbeille.
Côrchous-rosse, écorcheur-se.
Côrion, lait caillé qui a été mis au four ou qui est cuit.
Côriote, cordons de soulier.
Côrpénote, sommet d'un arbre, d'un clocher, d'un lieu fort élevé et terminé en pointe.
Côrreüe, jeu d'écoliers, qui consiste à provoquer à la course, en frappant de la main son adversaire.
Côrtînêt-e, court, petit, mais fort.
Côsson-e, coquetier-ère.
Couarié, commérer, bavarder.
Coûchon, écosse.
Coûch, prononcez *coulıh*, tait (il se).
Coûdeure, labour.
Coué, se mettre à l'abri du vent.
Coué (tot), tout court (arrêter).
Couéle, écuelle, soupière.
Couélote, petite écuelle.
Couèsse, prune qui provient d'un arbre non greffé, l'espèce dont on fait des pruneaux.
Couhié-aye, tu-e, v. taire.
Coupèsse, coupure.
Coupeu-s, coupait-ez.
Coûpon, tison, reste d'une bûche, dont une partie a été brûlée.
Coursélè, corset.
Courteus, courtois.
Couzimant, presque, à peu près.
Cowé-aye, sans queue.
Crampauille, griffes, se dit aussi des doigts.
Cranti-èye-ir, fatigué, éreinté, qui n'en peut plus; *crantir* sur le manger, ne plus en vouloir, étant rassasié.
Craquéillé, crier, se dit de la poule.
Crauque, rester sur une branche, reposer bien haut, au faite d'un arbre.
Crégnous-se, celui ou celle qui compose la *crégne*.
Crêmaû, crémaillère.
Crêmiote, espèce de crochet qui s'adapte au *crêmau*.
Créteur, corps, carcasse.
Creû, croit (il).

Creubion ou *creubiote*, espèce de couteau crochu, dont les vignerons se servent pour tailler la vigne.
Creuchié-aye, écrasé-ée-er.
Creûille, craie.
Creûillé-aye, qui est marqué à la craie.
Creûillon, crayon.
Creupée, espèce d'omelette épaisse, avec de la farine.
Creuque, cruche.
Creuzaye, croisée.
Crocho, crochet.
Crochon, crachat.
Crochote, salive.
Crochu, qui a crû, v. croître.
Crones, croissent.
Crosse, béquille ; — perche fourchue qui sert à supporter les branches d'un arbre chargé de fruits.
Crotaû, crouton de pain que le bédeau d'une église porte à une famille, pour l'avertir que son temps d'offrir le pain béni arrivera le dimanche suivant.
Crowière, voyez *clouire*.
Cru, croix.
Cruhié-aye, qui est divisé en croix.
Cruhotte, petite croix ; — alphabet.
Cuboûlé-aye, culbuté, renversé-ée-er.
Cuheni-ire ou *cugeni-ire*, cuisinier-ère.
Cûche, cuir.
Curché, voile blanc que portent les femmes aux enterrements.
Cure, v. cuire.

D.

Dâ, frelon, grosse guêpe.
Daillemants, aubades, charivaris qu'on fait aux fenêtres ou à la porte d'une *crégne*.
Dandar (*an*), en califourchon.
Dandiné-aye, dodiné-ée-er, balancer.
Danraye, denrée.
Dansiins, dansions-ez-aient.
Daû, dé à coudre.
Daucé, rejet de terre au milieu d'un champ.

Déboculé-aye, dérange-ée-er.
Déboguègé-aye, déménagé-ée-er.
Déborgéné-aye, qui a passé outre, au-delà.
Débrayé-aye, qui est en épi ; se dit du blé, de l'orge, etc.
Débringlé-aye, démantibuler un ouvrage compliqué.
Décaufté-aye, découvert-e-vrir.
Déchandu-owe, descendu-e.
Déchausse, pieds nus.
Déchipe, dépensier, qui use beaucoup.
Déconré-aye, déplumé-ée-er, se dit de la poule quand elle fait sa mue.
Découëché-aye, voyez *décaufté*.
Décranchu, déméloir.
Décrotu, décrottoir.
Dédan, dedans.
Dédauille, langue de commère.
Défrâlé-aye, défait, détruit, démantibuler.
Dégouteu-s, dégoûtait-ez.
Dégeusse-s, dit, disent.
Dégrobauillé-aye, débarrassé d'une chose qui gène, se développer, se former ; se dit d'un enfant ; sortir de sa crasse ou d'une mauvaise affaire.
Déhauzelé-aye, voyez *holifé*.
Déhilé-aye, gercé-ée-er.
Déhoquié-aye, disloqué-ée-er.
Démahelé-aye, tomber en défaillance.
Démangauillé-aye, déchiré, disloqué.
Déminge, voyez *démége*.
Démorance, demeure.
Dépautréné, gronder, murmurer.
Dépèchelé-aye, ôter les échalas d'une vigne.
Dépliare, déplaire.
Dérayé-aye, ôter l'*èrayu* d'une voiture.
Dèrdire, différence.
Dèruzion, dépense.
Dérvins-dérva, aller de droite, de gauche ; chanceler sur ses jambes.
Déssangonant, ensanglanter.
Déssèquié-aye, coupé menu.
Dessu (sè), ici dessus.

Dètrèpieu-s, clabaudait-ez, critiquait-ez, calomniait-ez.
Détrichié-aye, défriché-ée-er.
Détrunes, détruisent.
Deûe, doit ; — expression par laquelle on impose le silence.
Deulant-e, sensible, délicat, chétif, faible.
Dévantèrié, tablier de femme.
Dévésse, peur (la).
Dévié, devient ; — devine, v. deviner.
Dévolé-aye, descendu-e, descendre.
Dévudio, dévidoir.
Dézavié-aye, défiguré-ée-er, pâle, physique d'un malade.
Dézirié-aye, désiré-ée-er.
Dodu, gras, embonpoint.
Dongerous-se, dangereux-se.
Donô-te, donneur-se.
Dordinare, d'ordinaire, constamment, habituellement.
Dôtance, doute, soupçon.
Dote, doute.
Douille, douve, merrain.
Drâhe, demi-porte, qui n'occupe que la partie inférieure du passage d'une porte entière.
Drahée, porte à claire-voie.
Dra-te, droit-e, debout.
Drauyo-te, à demi-gras-se, se dit d'une bête de somme.
Drèpée, petit linge, morceau de linge.
Dreu, droit (avoir).
Dreumâ-te, dormeur-se.
Dreumeré, dormira.
Drossié-aye, dressé-ée-er.
Drossu, *dressoir*, buffet où l'on range les plats en les dressant.
Drou-te, droit-e, debout.
Dru-owe, tendre, mou-molle.

E.

E vos, expression familière qui tient la place de bonjour.
Ebeusson, le commencement d'un travail de main.
Ebeuté-aye, prendre pour but, pour point de mire.
Ecauplié, lier deux choses ensemble, accoupler.
Echaudé, assourdir, rendre sourd par un bruit.

Echeuve (s'), s'achève.
Echevelaye, échevelée.
Echorié-aye , écouter clandestinement , prêter une oreille indiscrète.
Echorieu-s, écoutait-ez.
Echouaye, à l'abri de la pluie.
Ecoutereu-s , écouterait-ez.
Ecritoûle , encrier.
Edu, au revoir.
Efeuté-aye, voyez *anfeuté*.
Efliote , confiance, assurance, augure.
Efouni-èye-ir, affamé-ée-er.
Efutiaus , effets, ornements, parure.
Egeo, voyez *éffiote*.
Egolant-e, aimable, caressant, honnête, se dit d'une personne.
Ehauillé-aye , habillé-ée-er.
Ehoté-aye, arrêté dans une ornière, un mauvais pas, ne pouvoir plus marcher, se dit d'une voiture.
Eillou , ailleurs.
Ejoké-aye, juché-ée-er.
Ejokus, voyez *jokus*.
Emére, amer.
Enedreû , peut être bien.
Epâch (s') , s'apaise.
Epoûtes , apportent.
Eranteûle ou *élanteûle* , toile d'araignée.
Erayé-aye, ralentir la vitesse d'une voiture par le moyen de l'*èrayu*.
Erayu, mécanique qui sert à ralentir la vitesse d'une voiture.
Erégne , araignée.
Erluré-aye, esprit, ruse, intelligence.
Erondrèlle, hirondelle.
Erozu , arrosoir.
Esclivé-aye , esquivé-ée-er.
Esieulé-aye , assis-e-oir.
Esmot (s'), femelle qui a l'apparence de mettre bientôt bas.
Esosné-aye, allié-ée-er, unir.
Etandeu-s, attendait-ez.
Etau, expression fort usitée qui signifie tout de même, à propos.

Etèche, pieu après lequel on attache les bestiaux dans les écuries.
Etèmaye, patience, — courage.
Etoquerins, attaquerions-ez-aient.
Etoûmi, ébaubi, étonné, étourdi.
Euille, œil, yeux.
Eveusse, eût (qu'il).
Evezeur, idée folle.
Evice, visse.
Evizion, voyez *èvezeur*.
Evolé-ayé, baissé-ée-er, — avaler.
Eyoûte, à loyer, se dit des bestiaux.

D.

Fauche ou *foche*, four.
Fauchené, enrager, fumer, pester.
Faumereu, fumier.
Faurchote, fourchette.
Faussot, fausset, petite broche à côté de la bonde d'un tonneau.
Fayé-aye, parfait, ne pouvoir faire mieux, se dit d'un travail.
Féché-aye, échalassé-ée-er, planter des échalas.
Féillot, feuillet.
Fénaû, fenaison.
Fénetré-aye, grand sec et pâle tout à la fois, — fruit ou légume creux.
Fénelrote, petite fenêtre.
Fénon, dent d'une fourche en fer.
Fénote, petite fourche en fer.
Fèrtudu-owe, tordu-e, tortueux, trop tordu.
Fereu-s, ferait-ez.
Férfauilla-te, celui ou celle qui *férfauille*.
Férfauillé-aye, chiffonné-ée-er, froisser entre les mains.
Fèrgaû, torchon attaché au bout d'une perche.
Fèrgonâ-te, qui fourgonne le feu.
Feuche, fade, qui n'a plus de saveur.
Feumaye, fumée.
Feumou-se, celui ou celle qui fume du tabac.
Feumou, fumeron, morceau de charbon qui jette de la fumée.
Fiauve ou *fliauve*, fable, conte.
Fiauvée ou *fliauvée*, phrase.

Fliachi-èye, flétrie-ir.
Fliamoche, flamèche, — personne faible.
Fliarié, puer.
Fliètous-se, flatteur-se.
Flio, nœud de ruban, de fil, etc. ; — groupe de fruits après une branche ; — feuille d'arbre, de papier, etc.
Fliongeant-e, flexible, pliant ; se dit d'un bâton, d'une perche.
Fornirowe, rue à Metz.
Fortri, garde-forestier.
Fossious, fossoyeur, enterreur.
Fouaye, fée, divinité imaginaire ; — fagot d'une grosseur démesurée ; — femme habillée sans goût.
Foûcherèye, colère, emportement.
Fouérote, matière fécale très-claire.
Fouyé-ayè, ôté-ée-er.
Fowon, branche parasite, qui pousse du pied de l'arbre.
Fowouéne, fruit du hêtre ; — fouine.
Frâhou ou *frageou*, femme méchante, acariâtre.
Francis, François.
Frandauille, lambeau.
Frâtin, échalas usé, hors de service.
Frécheur, fressure.
Frégaû, femme dont les vêtements sont délabrés, en désordre.
Frérot, petit frère.
Freuchié, bruit sourd, piétinement doux, insensible.
Freuchin, espèce de gale ; — femme qui n'entend rien aux affaires et qui veut s'en mêler.
Freughon, fourgon.
Freûlous-se, frileux-se.
Freumége, fromage.
Freumegèye, fromage délayé avec du sel, du poivre et des oignons.
Freumièye, fourmillière.
Freumin, fourmi.
Frigeolure, ornement, sculpture.
Fringale, faim extrême.
Frinsié-aye, froncé-ée-er.
Frotaye, tartine de lard ; — terrain bien fumé.
Frou-frou, personne qui ne met aucune mesure dans ses actions.
Frovié-aye, qui est distrait, qui ne sait plus où donner de la tête.

Froye, écume sale qui se forme sur l'eau, dans les endroits où elle cesse d'être battue ou courante ; — peau que laisse la couleuvre après sa mue.

Fûgna-te , qui furette ; le porc, le sanglier *fugnes* en terre , lorsqu'il la laboure.

Fûgné-aye, fureté-ée-er, fouiller.

G.

Gabrèye, ribote, ripaille, excès.

Gâche, fille, demoiselle.

Gaugleu, pédant ; qui a plus d'orgueil que de sagesse.

Gaûlé-aye, abattre , se dit des fruits et notamment des noix.

Gaulot, trou, orifice d'une bouteille, d'un vase quelconque, par où il se vide ; — espèce de chenal qui conduit les eaux d'une source dans l'auge d'une fontaine.

Gaurmote, cordon de la cornette qui se noue sous le menton.

Gauvion, broche, bouche-trou.

Gebo, gibet, potence.

Geolé-aye ou *jolaye*, gelé-ée-er.

Gifle, soufflet appliqué du revers de la main.

Ginguète, pacotille ; de peu de valeur.

Gliayant-e, gluant, glutineux, difficile à mâcher.

Gliorious-se, glorieux-se.

Gliot-e, qui aime la friandise ; gourmand.

Gliotênerèye, gourmandise, friandise.

Gojote, fente d'une blouse, d'une jupe, etc., pour y passer la main.

Golant, amoureux.

Golote, galette.

Gônâ, oiseau blanc et noir, plus petit que la pie.

Gondoûille (an), en ruine, en poussière.

Gossâ-te, qui a une grosse gorge.

Gouaillâ-te, gausseur-se, plaisant, railleur.

Gouaillé-aye, gaussé-ée-er, railler, plaisanter.

Gouaillous-rosse, voyez *Gouaillâ*.

Gouré, boule en bois que les joueurs lancent après les quilles pour les abattre ; — boule de neige façonnée entre les mains.

Gouri, porc, voyez *hognè*.

Gowe, gueule, bouche ; pop.

2*

Gowé-aye, morfondu, trempé par la pluie, mouillé jusqu'aux os.
Grâhié, crier, se dit de la poule quand elle a faim.
Graillon, soupe qui sent le réchauffé ; — femme malpropre.
Gravésse, écrevisse, homard.
Gréfignèsse, égratignure.
Grége ou *gringe*, grange.
Grégeote, petite grange.
Gréhié, grésiller, bruit que fait l'eau quand elle commence à bouillir.
Grénote, petite graine, criblure.
Grépeure, rebut de chanvre qui n'est pas entièrement dépouillé de chenevottes.
Grézèle, groseille.
Grézeli, groseille à grappe ; — grésil, petite grêle menue et fort dure.
Gripauillate, à la volée, jeter en l'air, des dragées, etc.
Grogna-te, qui gronde par habitude.
Grollon, grelon.
Gron, museau, groin.
Growilla-te, celui ou celle qui *groweille*.
Growillé, creuser, fouiller la terre, faire un trou.
Growillote, crochet pour tissonner le feu.
Grûloté, voyez *grullé*.
Guèchote, petite fille.
Guéille, quille.
Guèilltée, étui à l'usage des couturières.
Guèrguèsse, culotte.
Guérnaille, grenouille.
Gueulton, festin, banquet, pop.
Guèyin, fromage salé.
Guèyot, petite poire grise.
Gûgné-aye, cogné-ée-er.
Gugnon, guignon.
Guiguitte, Marguerite.
Guinde, tringle.
Guipure, vile, ordurière.

H.

Hâ, branche flexible et tordue avec laquelle on lie les fagots et quelquefois les gerbes.

Habérlin, espèce de panier en osier, à deux ances, de la forme d'un chapeau ordinaire.
Hambauillé-aye, brandillé-ée-er ; chanceler sur ses jambes.
Handée, chiffon.
Harégne, dispute, querelle.
Harhûle, trouble, querelle, dispute.
Haubriau, falbalas, coiffure chargée de rubans et de fleurs.
Haulifé-aye, avalé-ée-er ; manger en glouton.
Haulpèné-aye, prendre le meilleur, choisir, écrêmer.
Haupe, huppe.
Haut (sè), ici au haut.
Hauton, grain qui n'est pas détaché de sa paille, quoique battu.
Hayé, marcher, agir.
Hècherous-se, qui soigne peu ses affaires, qui les laissent traîner, qui n'est pas actif à son travail.
Hégna-te, qui hennit.
Hégné, hennir.
Hèguète, rosse, se dit d'un cheval, d'une vache qui chancelle sur ses jambes, tant par son âge que par sa maigreur.
Héland-e, flâneur-se, qui s'amuse par paresse.
Hélanderèye, flânerie, paresse, traîner.
Hëlé, sécher par la chaleur du feu, se dit du bois.
Hèrcèlle, paille découpée par petits bouts ; brisée.
Hèrcéllu, machine qui coupe la paille.
Hèrdélaye, multitude, troupeau, quantité.
Hèrgancié-aye, balloter, être mal assis ; se dit de tous meubles qui ne reposent pas solidement sur leurs pieds ; — enfant pétulant que l'on oblige en vain à demeurer tranquille.
Hèrigo, haricot, fève.
Hèrmelé, soupirer, se plaindre, supplier pour obtenir quelque chose.
Hèrqué, marcher, agir des membres.
Heulade, poussée, — effort contre une personne, une porte.
Heulo, hanneton ; — tourbillon de vent.
Heurossié, frémir.
Heursié-aye, sournois-se, acariâtre, d'un vilain caractère ; — qui a les cheveux hérissés.
Heusse, vilaine mine, mine d'un boudeur.
Heute, haine, garder une haine contre quelqu'un.
Heuté-aye, donner ou recevoir un coup de tête ; se dit des moutons et des bêtes à cornes ; — se rencontrer.

Heuvelé-aye, jeter ci et là, sans soin, épars, mêlé.
Hèvaye, javelle, brassée de bois, d'herbes, de paille, etc.
Hèyant-e, insupportable.
Hèyéne, haine.
Hèza, hasard.
Himbé, Hubert, Humbert.
Hoderèye, lassitude, fatigant.
Hokiote, petite hotte, petite hottée.
Holâ, interj., arrête! Ce cri fait arrêter les bœufs et les chevaux.
Hole (*qu'o ce qu'i*), qu'est-ce qu'il dit.
Hollaye, ondée de pluie.
Hollé-aye, secoué-ée-er un arbre pour en faire tomber ses fruits.
Holli, toit avancé ou espèce de hangar sous lequel on retire les voitures, charrues et instruments aratoires.
Homelande, sorte de breuvage pour les animaux.
Houre, femme de mauvaise vie.
Houté, cesser; *houtré*, cessera.
Howyo-te, qui est en retard.
Hozote, espèce de grande guêtre.
Hûllaye, huée.
Hûllerèye, criaillerie.
Hûot! interj.; cri qui fait marcher à droite un cheval qui va à gauche.

I.

Ignon, oignon.
Impoûte, importe.
Ingliote, griffe, ongle du lion, du chat, de l'épervier, etc.
Irpe, herse.
Irpiaye, endroit où la herse a passé.
Itou, aussi.

J.

Jakchipe, blouse.
Jacque, geai (oiseau).
Jauja-te, qui craint, qui hésite.
Jaugé, hésiter, craindre.
Jaute, chou dont le cœur est très-serré.
Jeton, essaim; — jets, petites branches.
Jeulbire ou *jeurbire*, fenêtre de grenier.

Jèvée, javelle.
Jokus, juchoir, perches sur lesquelles les poules passent la nuit.
Jollo, jeune coq.
Jouaillon, mauvais joueur.
Joûbla-te, qui s'amuse à des jeux d'enfants.
Joûblé, badiner, s'amuser en enfant.
Jouintaye, ce que peut contenir les deux mains jointes.
Jowaye, soufflet sur la joue.

K.

Karamogna, chaudronnier ambulant.
Kèbèrè, cabaret.
Kèbognote, cabinet.
Kège, cage.
Kégno, coin, angle ; — pièce de fer terminé en angle aigu, propre à fendre du bois, des pierres ; — petit pain de beurre rond de la forme et grosseur d'une bonde.
Kéilbote, laitage, et particulièrement la crême.
Kéilrote, cuillère.
Kèmizoûle, veste.
Kèrkant, hardi, indomptable.
Kèrmeusse, festin, repas de société.
Kèrmonote, repas qui se fait à l'issu d'un baptême, d'une première communion.
Kèrné-aye, écorné-ée-er.
Késsin, coussin, oreiller.
Keulat ou *keulot*, le dernier né d'une famille, d'un nid, — petit reste d'une chandelle.
Keupote, salive, voyez *crochote*.
Keurié-aye, curer, recurer, nettoyer.
Keusméilla-te, qui fait un travail de petit rapport.
Keusmeillé, faire un travail presque inutile, de peu d'importance.
Keuvéille, litière.
Keuvéille (haune), tout pêle-mêle en désordre, saletée.
Keuvèlle, cuveau oblong.
Kèyant-e, fragile, cassant.
Kézancia-te, qui *kézance*, qui se dodine.
Kézancié-aye, tracassé-ée-er, chicane, brandiller.

Kézié-aye, qui se grattte, qui remue, qui n'est jamais tranquille.
Korbu-owe, bossu-e, personne qui est de travers.
Kowyéne, petit bout de terrain.
Koyé-aye, secoué-ée-er.

L.

Lâ, laisse, v. laisser.
Lâche, pou de mouton.
Lanté, épeler, commencer à lire.
Lantérnote, feu follet.
Lâtége, laitage.
Lausse, tarière, outil qui sert à faire des trous ronds dans le bois.
Lechée, pelote de fil, de soie, etc.
Levins, levions-ez-aient.
Lèye, elle, fém. de lui, *lu*, *lèye*.
Lézire, lisière, de casquettes, de drap.
Ligeous-rosses, lecteurs-trices.
Liin, lien.
Lin, lit, dortoir.
Lingue, lin, plante qui fourni une huile et dont on file l'écorce.
Liure, égout du fumier, — grosse corde.
Liyote, petit lien.
Lochant, léchant.
Longe *(au)*, à côté.
Longeou, longueur.
Louége, louage.
Loûgna-te, lorgneur-se, — badaud.
Loûgné-aye, lorgné-ée-er, — badauder.
Louyo-te, peu dégourdi, peu rusé.
Lowe, loup.
Luhéne ou *lugéne*, lucarne, — lumière.
Luhis ou *lugis*, loisir.

M.

Mâ, pétrin, huche.
Machié-aye, corps dûr qui est devenu mou par l'effet de l'eau ou de la chaleur.

Machoille, arbrisseau très flexible, employé par les vanniers.
Mâhée (an), en défaillance.
Mâhu, laps de temps.
Mâné-aye, exténué-ée-er de fatigue, hors de force.
Mantes, menterie, mensonge.
Mauchée, morceau.
Mauchote, morve, flegme.
Maugréné, voyez *maugrénié*.
Maugrénié, jurer, pester, enrager.
Mauillote, godet à longue queue que les fileuses mettent sur leur rouet, dans lequel elles mettent de l'eau pour mouiller le chanvre; — soupe au vin doux.
Maulo-te, mou, molle.
Mèchot, voyez *chèchot*.
Mèchtouille, moutard, gamin.
Mégerons, mangerons.
Mègnèye, petite fille.
Mèhan, rogne, gale.
Ménechèye, groupe de raisins que l'on suspend au plancher pour les conserver.
Méneûe, monnaie.
Ménote, main d'enfant, petite main.
Ménouille, voyez *méneûe*.
Mèque, maigre.
Mèrandé, repas ou collation qui se fait à quatre heures.
Mèrcheu-s, marchait-ez.
Mèriteu-s, méritait-ez.
Mèroche, marais.
Mèrvaille, merveille.
Meuche, miche; — humidité, temps des pluies.
Meuchote, petite miche qui se fait d'un reste de pâte dans la huche.
Meulo, mulet; — marcotte.
Meume, mamelle.
Meussié-aye, coucher de la lune et du soleil; — s'esquiver, se glisser adroitement hors d'un lieu, passer lestement.
Meusso, recoin, coin plus caché et moins en vue.
Meuzgnon, museau; muselière.
Mèyote, Marie; — maillet.
Mézaré, tempêter.

Mihou, femme de mauvaise conduite.
Mijauraye, femme qui se croit belle, qui a des allures indécentes; coquette qui se croit beaucoup et qui n'a rien pour elle.
Mingé-aye, voyez *méjé*.
Mintègne, manche d'un fléau.
Mirlifiche, enjolivure.
Mocaille, grumeau de farine mal délayé.
Mochené-aye, moissonné-ée-er, se dit aussi pour glaner.
Mochon, moisson.
Modeliche, Madelaine.
Môhnaye, habitants d'une maison, — personne d'une même société.
Môhnote, maisonnette.
Molahié-aye, malaisé, difficile.
Molèdèye, maladie.
Molle, poche, gousset.
Molorous-se, malheureux-se.
Moltoude, maltode; impôt, concession.
Monne, maussade (femme).
Mônin, homme désagréable, maussade.
Môribond, enfant mal venu, grêle, chétif.
Mornifle, soufflet appliqué sur le nez.
Motré, mettra.
Moltrée, chenet de cuisine.
Mouëlo-te, muet-te.
Mouéne, moine.
Mouétange, méteil, mélange de froment et de seigle.
Mouétrosse, maitairie de vigne.
Mouëyin, voyez *moyé*.
Moure, fruit du mûrier.
Mowa-te, mangeur-se, qui a toujours le mors à la bouche, pop.
Mowé, manger, pop.
Mowée, bouche, pop.
Mùillon ou *mùille*, meule de foin ou de paille.
Mûrégne, taupinière, trou que fait la taupe, ou monceau de terre qu'elle élève en fouillant.
Mûrote, pâte très-claire.
Mussa, *mussè*, blouse.
Mûyé, beugler, se dit de la vache.

N.

Nâchon, petit mangeur.
Nâni, non,
Nanteuille, lentille,
Naquéilla-te, qui mange en mordillant.
Naquéillé-aye, rongé-ée-er, mordiller.
Nausse, morve, — matière gluante.
Népe, nèfle.
Népi, néflier.
Nèvaye, navette.
Niau, œuf naturel ou en pierre, laissé dans le nid des poules pour les engager à y pondre.
Nichon, Anne.
Nichote, voyez *Nichon*.
Nièreu, il y aurait.
Nieu, neuf, — œuf.
Niquedauille, niais, benêt.
Nocrée, phalange.
Novelote, agneau femelle,
Nowé, nouer, — Noël.
Nôwi, noyer, — arbre qui porte des noix.
Nûche, noise, — cerneau.
Nuhote ou *nugeote*, noisette.
Nuhoti, noisetier, coudrier.

O.

Ohée ou *ogée*, volet dont se servent les maçons pour porter le mortier, — oiseau qui annonce la mort.
Olichèt, chardonneret (oiseau).
Opérateur, au village on nomme abusivement *opérateur*, tout ce qui est spectacle.
Orègeous-se, orageux-se.
Ouârée, mare d'eau, de sang, etc.
Ouarche, ivraie, mauvaise herbe à graine noire qui croît parmi les blés.
Oûche, cheville en fer qui empêche la roue de quitter l'essieu.
Ouée, étang.
Ouënesson, gibier, — lieux, rendez-vous de chasseurs.
Ouépe, guêpe.

Ouére, verre à boire, — vitre, — voir.
Ouèrée, taureau, étalon.
Ouério, petit verre à boire.
Ouésse, gazon garni d'herbes.
Ouëté, gros gâteau.
Ouëzon, gazon.
Oûillo-te, voyez *louyo*.
Oûillon, voyez *oûsson*, petite oie.
Oùle, huile.
Oûllion, vase dans lequel on met de l'huile.
Ourge, orge.
Ousson, petite oie.
Ovré-aye, travaillé-ée-er.
Ovri-re, ouvrier-ère.
Owouéille, aiguille.
Owoui, tablette ou pierre d'un évier de cuisine.
Owyon, noyau de fruit.

P.

Pache ou *poche*, pêche.
Pachié-aye, pêché-ée-er.
Pâhèye, tachées, pourries, se dit des fèves.
Palle, chambre à coucher.
Pan ! interj. qui exprime le coup donné à quelqu'un.
Paussu-owe, ventru, se dit des bêtes à cornes.
Papoufe, mitaine, gant.
Pariure (*éne*), un pari, une gageure.
Pârron, nuage.
Paû, pieu, pilotis.
Paucheyon, petit pourceau.
Pauillotte, nuque du cou; — poulette.
Paulire, petite ouverture au bas d'une porte.
Paulo, tige de chanvre, de paille, etc.
Paupli, peuplier.
Pauquë, pourquoi,
Paurote ou *pauraille*, poreau, plante potagère.
Paute, lèvre.
Pâlereu-s, parlerait-ez.
Pauto, grosse lèvre. pop.
Pavou, pavot.

èche, pron. *pèhh*, peste.
'èchée, échalas,
Pèchelé-aye, échalassé-ée-er.
Pëchon, portion ; — échelon.
ée, peau ; — pain.
èille, paille.
èillote, paille de fer ; toute petite menue paille.
élon, poëlon,
Pélote, petite pelle à feu.
Pèpla-te, qui imite la chèvre en mangeant.
Pèplé, celui qui mange comme la chèvre.
Pèrantége, parentage, parenté.
Pèreu, flèche de lard ; — cloison.
Pèrpée, pierre qui tient toute la largeur d'un mur.
Pèssabe, passable.
Pèsseu-s, passait-ez.
Pètenaye, carotte sauvage.
Pétrée, étincelle.
Peume, pomme.
Peumin, pommier.
Peumote, pomme sauvage.
Peumoti, pommier sauvage.
Peupion, pépin, — petite pomme rouge.
Peurcho, personnes étrangères au bal de noce.
Peurié-aye, épurée-ée-er, — serrer, presser pour en faire sortir le jus en parlant du raisin, des pommes, des poires, etc.
Peurnèlle, prunelle, prune sauvage.
Peurouèille, bouton plat percé.
Peursin, persil.
Peuyé dés cholots, écaler des noix.
Peuyon, brou.
Peuyo-te, qui est à gage, — sans avarice.
Pèya, paillard.
Pèzée, voyez *vossée*.
Piailla-te, enfant qui crie toujours.
Piawoué, piauler, pleurer.
Piche, pêche, fruit du pêchier.
Pichote, bleuet, — petite pêche.
Pidoûle, petite bille de buis que les enfants, à l'aide d'un fouet, font mouvoir en équilibre sur sa pointe.

Pièrot, Pierre.

Pieuté-aye, propagé-ée-er, multiplier, piluler, se dit des plantes.

Pile, volée de coups.

Pinchâ-te, qui *pinche*.

Pinché, pousser un cri, faire entendre un son désagréable à l'oreille, chanter sur un ton aigu.

Pinoche, épinard.

Pirche, perche.

Pirchi, cerisier.

Pitious-se, piteux-se.

P-leur ou *poleur*, pouvoir.

Pliamoûe, plaisir.

Pliaye, plaie.

Pliéde, plaindre, — plainte.

Pliètenaye, plein un plat.

Plieumar, plumet.

Plieuveu, pleuvait.

Plieuvous, pluvieux.

Pliowe ou *pliouve*, pluie.

Pochète, fruit de l'aubépine.

Pògne, poing, la main fermée.

Polé-aye, épluché-ée-er.

Polrin, mauvais sujet, vaurien.

Poltèsse, terre, boue qui se détache de la semelle du soulier.

Ponssote, petit pont.

Poquète, petite vérole.

Portérège, propriété champêtre qui appartient à une communauté.

Posson, pot, vase de terre avec anse.

Potot, petit pot.

Potrosse, *pèteusse*, — saule fragile.

Pouétiant-e, qui est pointu, qui a une pointe aigüe.

Pouin ou *poué*, point.

Poûpâ, prunelle de l'œil.

Pourge, peau que les femelles déposent après leur délivrance.

Pourote, voyez *paurote*.

Pourous-se, poudreux-se.

Poussote, bouillie.

Powrous-se, peureux-se.

Poyot, petite pente, — coude de la chemise.

Prannes, prennent.
Précolé-aye, supplié-ée-er.
Prégné-aye, paître, — troupeau à l'état de repos.
Preupère, prépare.
Preuvé, Privas.
Pûchèye, pincée.
Pûcho, pouce, le premier doigt de la main.
Puciota-te, celui ou celle qui *puciote*.
Pucioté-aye, travailler avec minutie.
Pusseron, insectes qui rongent les choux, la salade, etc.

Q.

Quèhin, croûte de lait sur la tête des enfants.
Quenaille ou *quéniaule*, quenouille.
Quêteu-s, quêtait-ez.

R.

Raclious, râcleur, ramoneur.
Racliu, espèce de rateau sans dents pour râcler la boue, etc.
Radièye, air de feu, — rayon chaud du soleil, grande chaleur.
Râge, sas, crible.
Râgeous, cribleur.
Rahon ou *râjon*, raison.
Râille, rave, radis.
Râillé lés ouilles, faire de grands yeux.
Railleu-s, arrachait-ez.
Rambiou, reflexion de la lumière, reflet.
Rambroudré-aye, avoir une apparence maladive et négligée.
Raminé-aye, remémoré-ée-er, supputer.
Rampan, lière.
Rampanre, allumer de nouveau.
Rampau, partie égale de points, de quilles; terme de jeux.
Rangèye, rang, rangée.
Rangrûllé-aye, qui se sent du froid.
Ranguéillâ-te, qui *ranguéille*.
Ranguéillé, râler, respirer avec bruit et d'une manière pénible.
Ranhûllé-aye, voyez *rangrûllé*.
Rankéza-te, rancunier-ère, qui murmure, qui cherche noise.
Rankézé-aye, chercher dispute; noise.
Ranrouhié ou *anrouhié-aye*, entortillé-ée-er, arrondir.

Ranlis-se-ir, réparer une toiture, — démêler de nouveau.
Ranmoure, aiguillonner.
Rannollé-aye, retourné-ée-er, partir.
Râton, nain, rabougri.
Raû, chat mâle.
Rauille, espèce de fourgon crochu avec lequel l'on râcle la braise du four.
Rauillo, petit *rauille*, voyez *growiote*.
Rauzo, roseaux.
Râve, rêve, *râvé*, rêver.
Ravous-se, rêveur-se.
Rebau, grappe de raisin dépouillée de ses graines.
Rébaulé-aye, rivé-ée-er.
Rebaulon, rebord, retroussis.
Rebauqua-te, qui répond arrogamment.
Rèbeuche, robuste.
Rèbeuté-aye, suppléer, qui supplée.
Rèbotous-se, raboteux-se, qui présente des inégalités.
Récaudé-aye, qui a reçu des avis, des conseils.
Récène, repas à la fin de la veillée.
Rècmonin, écume que produit le beurre quand il se fond.
Reconfoû, magasin, maison de secours.
Rée, morceau de bois pour le feu, rameau détaché d'un arbre.
Rèeusse, personne qui est dans ses réflexions.
Réfate, produit d'une charge de fruits ou de légumes.
Rèfistolé-aye, raccommodé-ée-er.
Règo, crapeau; — enfant de petite stature.
Règobié-aye, habillé tout à neuf, — restaurer.
Règrande, rallonge.
Regûillemézé, plus qu'il n'en faut.
Réguillomé-aye, confondre, convaincre, répondre adroitement.
Rekéillaye, produit des fruits tombés d'un arbre.
Rekéillé, faire la *rekéillaye*, ramasser les fruits tombés.
Rélèvu, torchon avec lequel on essuie la vaisselle.
Relèvure, eau qui a servi à laver la vaisselle.
Reloché-aye, léché-ée-er.
Rémanbrance, ressemblance.
Réme, rejet, rameau.
Rèmisse, vif, remuant.
Rèmon, balai, — longue perche garnie de ses branches, dont on se sert pour ramoner les cheminées.

émote, plus petite que la *réme*, petite branche de bois.
émouwé-aye, remué-ée-er.
éné, cage d'osier, haute de deux pieds sans fond, de la forme d'un pot de fleurs renversé, sous laquelle on renferme la poule avec ses poussins.
énofliâ-te, renifleur-se.
énoflié, renifler.
Rénotié-aye, ôter les rejetons superflus de la vigne.
Rouatieu-s, regardait-ez.
Roué, revoit.
Rèpauillé-aye, rétablit.
Rèpiau, rot, effets accidentels de la digestion.
Rèpire, passage, sentier à travers un bois ; — percé.
Rèpouté ou *rèp-té-aye*, rapporté-ée-er.
Réssèrcis, reprise faite à l'aiguille.
Rètounins, retournions-ez-aient.
Rétréké-aye, bien arrangé, en bon ordre.
Rétreuvé-aye, retrouvé-ée-er,
Rétrosse, retroussis de cotte, de jupe.
Reuille, rouille.
Reuillé-aye, grignoté-ée-er, ronger.
Reuille sè pèteure, ruminer, remâcher, en parlant des bœufs.
Reûquious, petits pains avec lesquels on jette les rois (le 5 janv.).
Reûtée, roitelet (oiseau).
Reuyon, trognon.
Rèvaudâ-te, rôdeur-se, qui va partout où il n'a point d'affaires.
Rèvaudé, maltraiter ; — rôder, chercher partout.
Rèvèrdaye, feu, flamme de peu de durée.
Rèvolcrons, baisserons.
Revollon, récriminations, ressentiment.
Rèzin, croûte formée au fond d'une marmite.
Rézinglié-aye, tromper, convaincre quelqu'un, l'humilier, le réduire au silence, le couvrir de honte.
Rézingô, attrape, tromperie, humiliation.
Rézolé-aye, tremblé-ée-er.
Rézombé-aye, retenti-ie-ir.
Ribotous, *rosse*, riboteur-se.
Ridiau, rideau.
Roch, pron. *rohh*, aride, ardu.
Rocha ou *rocho*, habit.

Rodaillous-rosse, rôdeur-se.
Rogoce, racine noueuse, arrondie; — grenouille.
Rokée, rocaille.
Roland-e, riche, cossu.
Rombâ, noix de la grosse espèce.
Ronche, ronce.
Ronsin, cheval étalon.
Rossiaud-e, qui a le poil roux.
Roûbote, blouse, par-dessus.
Roucouille, femme de mauvaise mœurs.
Roué-aye, frapper quelqu'un, lui donner du bâton.
Rouée, empreinte d'une roue sur la terre.
Roufe, coup donné sur la figure.
Royo, rigole, petit ruisseau.

S.

Sambée, semblant, — feinte.
Sancious-se, industrieux-se.
Sandri, lisez *charrier*.
Sapliotâ-te, qui hésite, qui craint, peu hardi.
Sarrot, habit de toile peinte en vert.
Sasso, sas.
Saucelange, saule gris.
Saume, sommeil.
Saupe, soupe.
Saupikèt, pommes de terre découpées par tranches dans la marmite avec de la graisse et des oignons.
Saurveur, apercevoir.
Sautu, morceau de bois qui lie deux haies, ou qui barre un chemin sur lequel on passe en l'enjambant.
Sécante (éne), en quantité, à profusion.
Ségnié-aye, faire le signe de la croix, — guérir en faisant des signes.
Sègonié, mal travailler.
Semèrtré-aye, terre en jachère.
Semèrtro, oiseau qui fait son nid dans les fentes de murs.
Semonde, publication de mariage.
Sèquége, quantité.
Sèrcu, cercueil, bière.
Sèrhon, récolte.

eumau, branchage (fagot de).
eume , sème (il).
éneu , navette sauvage.
èyon , bénitier.
èyote, petite seille, dans laquelle on reçoit le lait de la vache.
ieûe, suie.
insgnion, grillon, — saucis, — glande qui se produit sous le menton.
Soille, scie.
Sokote , racine noueuse.
Soûgnon , sureau.
Suzon, Suzanne.

T.

Tambrè, gâteau percé au milieu.
Tané-aye , étendu à terre.
Tanguégnâ-te, qui se *tanguégne.*
Tanguégné-aye, se disputer une chose, contrarier, soutenir une thèse.
Tantin, tante.
Tatié-aye , unir, rendre poli.
Tauillaye , table environnée de convives.
Taunée, tonneau, futaille.
Taunisse , qui a la tête tournée.
Taurniquèt , manivelle.
Tautlo , pâte cuite dans l'eau.
Tauzé-aye, élagué-ée-er, tondu.
Tauzure , la tonde d'un arbre.
Tavillon, essaim; voyez *jeton.*
Tèchon, blaireau.
Tèdèche , interj. qui exprime quelquefois la surprise.
Têe, express. employée pour apaiser ou pour chasser les moutons.
Tèle, parcelle de bois qui tombe sous la hache du bucheron.
Tèlote, morceau de bois plus petit que la *tèle.*
Téneur, tonnerre.
Tèque , plaque de fonte contre un mur de cheminée.
Teuchée , tas de gerbes sur le grenier.
Teucherand , tisserand.
Teuchié-aye , tissé-ée-er.
Teuhon, bûche ronde, nommée rondin.

Teuillon, tige de chanvre dépouillée de son filament.
Teûle, toile.
Teûlote, toilette.
Teupenaye, légume pour le pot au feu.
Tèvelé-aye, fruit endommagé.
Tèvelo, manger ou liquide qui s'est ressenti de la chaleur du feu.
Tieule, terrine, soupière.
Tindu-owe, qui est teint, qui a pris une couleur, — éteint-e, en parlant du feu.
Tioutious, petit chien, — homme faible.
Tisson, peu dégourdi, benêt.
Tokége, société du même nom.
Tollé-aye, contusionné, meurtri, se dit des fruits.
Tollure, contusion, meurtrissure.
Tônaye (*éne*), une fois.
Toquâ, voyez *béilboque*.
Tossiâ-te, téteur-se.
Tossié-aye, têté-ée-er, — qui laisse sortir la langue de la bouche.
Totauille, voyez *roufe*.
Touënon ou *Touëniche*, Antoine.
Toûgnâ-te, qui a le cou de travers.
Toûgné, faire le *toûgnâ*.
Toûille, chaume, — champ où le blé a été nouvellement coupé.
Toûnisse, éblouissement qu'on éprouve quand on regarde dans un précipice, ou après avoir tourné autour de soi.
Trauche, plusieurs tiges vivantes réunies.
Trauché-aye, quand il pousse plusieurs tiges sur le même pied.
Trambliote, peur, crainte (la).
Tranchège, douleur aigüe dans les entrailles.
Trantran, issue, connaissance de lieux.
Tranyins, étranglions-ez-aient.
Tratiant, traitant.
Traupée, troupeau.
Traupauillé, marcher dans l'eau, dans la boue, patauger.
Traupouë, servante mal propre, — saleté sur un plancher.
Trégnèsse, herbe rampante, chiendent.
Tréille, étrille, — pleine (mesure).
Tréillé-aye, étrillé-ée-er.
Trémaye, gerbes déliées et étendues sur le sol pour être battues.
Tréme, rayon, trait de lumière, — sillon qu'on trace en

labourant, — trame, fil conduit par la navette.

Trèmouë ou *tramois*, divers grains, comme orge, avoine, etc.

rénowa-te, qui éternue souvent.

rénowé, éternuer.

réssauté-aye, tressaillir, épouvanter.

reûl-e, étroit-e.

reuplé-aye, marcher sur, fouler aux pieds.

Treuplote, soulier avec semelle en bois plus ou moins large, à l'usage des jardiniers, pour serrer la terre des jardins ensemencés de petits grains, comme carottes, salades, etc.

Trèvure, planches suspendues au plancher sur lesquelles l'on met des fromages, du pain, etc.

Trézelé, frétiller.

Trézolé, trembler par l'effet du retentissement.

Triche, friche, terre inculte.

Trihu ou *triju*, espèce d'étui en sureau ouvert par les deux bouts, dans lequel on passe le fil ; on se sert de cet objet que l'on tient dans la main pour dévider un écheveau.

Tricouèsse, grosse tenaille de maréchal.

Trikot, gros morceau de pain, — gourdin.

Trimoussé-aye, contrarié-ée-er, en colère.

Trinsié-aye, jaillir, sortir avec impétuosité.

Trinsure, seringue.

Triolé, varier, changer de place.

Troille, troène, plante fourragère.

Trouanderéye, paresse, fainéantise.

Trouant-e, paresseux-se, fainéant-e

Troûlé-aye, nettoyer les étables, relever le fumier, — enlever la boue d'un chemin, d'une rue, etc.

Trowée-aye, troué-ée-er, percer.

Tufenote, celui ou celle qui, machuré, va aux portes le 13 janv.

Tûle, tuile, *tulée*, tuile cassée ou broyée.

V.

Valle, *vace*, *volle*, *voce*, voici.

Vâlot, valet, serviteur, domestique.

Vanclion, pont du pantalon.

Vanrdi, vendredi.

Vantau, vanne à queue qui retient l'eau d'un étang à la bonde.

Vantous-se, venteux-se.

Varieule, virole, cercle qui consolide au manche le dard de la faux, ou la lame d'un outil.
Vaugand-e, vagabond-e.
Véchié-aye, versé-ée-er, penché-ée-er.
Venin-owe, venu-e, arrive-ée-er.
Vèrkeulé-aye, piqué des vers.
Vèrmeusson, limaçons.
Vérous-se, qui a des vers, se dit notamment des fruits.
Veurans, verrons.
Vèyin, pelle à feu.
Vézélle, cicatrice.
Vianti, volontiers.
Viédace, pendard, mauvais drôle.
Vigorous-se, vigoureux-se.
Vioule, orgue de Barbarie, et généralement toutes les musiques qui se jouent à l'aide d'une manivelle.
Vizé-age, pénétré-ée-er, se dit du vent, des souris qui pénètrent par de petites fentes, de petits trous.
Vofe, veuf-ve, — morceau de pain coupé au milieu de la miche.
Volchant-e, verdoyant-e
Volchon, brin de verdure.
Volchoné-aye, qui est vert, qui verdit, verdir.
Vollaye (jeter à la), merci; du haut en bas.
Volou, valeur.
Vossée, vesce cultivée.
Voûle, souple, maniable.
Vourons, voudront.
Voyote, petit sentier.
Vudié-aye, vidé-ée-er.
Vudieu-s, vidait-ez.
Vûlé-aye, dégarnir de sa complication, — ôter les rejets.
Vûlure, rameau, rejet qui garnit un bois.

Z.

Zaubé-aye, pousser rudement, asséner un coup.
Zincle, petites boules de marbre.
Zinclié-aye, voyez *rézinclié*.

FIN DU VOCABULAIRE.

VOCABULAIRE PATOIS-FRANÇAIS.

A.

A : ai. *j'a* : j'ai.
Abe : arbre.
Ade : aide.
Adieu-s : aidait-ez.
Agean : agens.
Ahié ou ajié : aisé, facile.
Aleufan, éléphant.
Ambèrè : embarras.
Ampéché : empêché-er.
Ampéchereu-s : empêcherait-ez.
Ampécheu-s : empêchait-ez.
Ampouéne : en peine.
Amprou : Empereur.
An : an, année, en.
Ancliour : enfermer.
Anco : encore.
Ancorègé : encouragé-er.
Andeurieu-s : endurait-ez.
Andreumin : endormir.
Andreut : endroit, lieu.
Angrèche : en graisse.
Anfromaye : enfermée.
Anfromé : enfermé-er.
Anfromera : enfermerai.
Angeance : engeance.
Anlè : ainsi, comme ça.
Anmouénaye : emmenée.
Anmouéné : emmené-er.
Anmouénerins : emmenerions-ez-aient.
Anségne : enseigne.
Ansonne : ensemble.
Antére : entre.
Antié : en tient.
Antiénes : en tiennent.
Antière : entier.
Antrant : entrant.
Antraye : entrée.
Antrémolé : entremelé-er.
Anvious : envieux.
Anviron : environ.
Anvoye : parti v. partir, envoi.
Anvoyaye : envoyée.
Anvoyé : envoyé-er.
Anvoyins : envoyons-ez-aient.
Anvré : en ira.
Aque ou auque : quelque chose.
Aubépéne : aubépine.
Audiance : audience.
Aujedu : aujourd'hui.
Auque : voyez *aque*.
Aus : Aux.
Aussé : aussi.
Aussetoû : aussitôt.
Austant : autant.
Aute : autre.
Autô : autour.

B.

Bacèlle : fille.
Baclans : baclons.
Barau : barreau, tombereau.

Bé : beau, bel.
Bèche : bas-se.
Béguin : animal tacheté.
Bèillaye : donnée.
Bèillé : donné-er.
Bèillerans : donnerons.
Bèillerons : donneront.
Bèilleu-s : donnait-ez.
Bèyeus : voyez *bèilleu*.
Bèillins : donnions-ez-aient.
Bène : bien.
Bènerot : commissaire de police.
Béque : bec.
Bèrdelle : langue (bonne).
Bèrèque : baraque.
Bèrou : baril.
Béte : bête.
Bète : battre.
Bètiau : bateau.
Bètu ; lieu où l'on bat le blé.
Beulance : balance.
Bézan : besoin.
Bié : bien immeuble, faire du bien.
Bieu : bœuf.
Bisqué : fumer, enrager.
Bisqueu-s : enrageait-ez.
Blague : mauvaise langue qui tient des propos ridicules.
Bleute : bleue.
Blian-che : blanc-che.
Blian bonot : femme et fille.
Blianc et toque : ruiné.
Blianque : blanque.
Bliave : pâle.
Blié : blé, froment.
Boche ; bouche.
Bochon : buisson.
Bocon : lard.
Bodote : nombril.
Bogi : bougé-er.
Bolangi-re : boulangé-ère.
Bolaye : blé battu et non vanné
Bône : bon ou bonne.
Boneur ou bonour : bonheur.
Bonot : bonnet.
Boquè : bouquet.
Boquin : bouquin, giboulée.
Borange : montant de bois après lesquels on attache les bestiaux.
Borgeu : bourgeois.
Borique : bourique, âne.
Bôte : botte.
Boton : bâton.
Bou : bout, extrémité.
Boû : bois.
Bouciaye : poussée.
Boucié : poussé-er.
Boué : bon.
Bouérans : boirons.
Bouére : boire.
Bouéveu-s : buvait-ez.
Bouévins : buvions-ez-aient.
Bouriau : bourreau.
Brare : pleurer.
Bra, brarèye : pleures.
Brauillard : brouillard.
Brè : bras.
Brégand : brigand.
Brèyins : pleurions-ez-aient.
Bûlle ou burre : feu de joie.
Buriau : bureau.

C.

Ç' : ce.
Calandrié : calendrier.
Campègne : campagne.
Campègnar : campagnard.

'ant : cent.
'aucion ; caution.
'avégnaque : Cavaignac.
'é : ce, ci, cet.
'è : ça.
'élérat : scélérat.
'énau : tas de blé non battu.
Célibatare : célibataire.
Cés : ces.
Céte-cèles : ceux-ci, celles-ci.
Céte-èle : celle-là.
Châ : viande.
Châle : Charles.
Chambe : chambre.
Chandeûlle : Chandeleurs, chandelle.
Chantans : chantons.
Chanteu-s : chantait-ez.
Chantins : chantions-ez-aient.
Chaudé : tarte, sorte de pâtisserie.
Chauflians : soufflons.
Chauflieu-s : soufflait-ez.
Chauflins : soufflions-ez-aient
Chausse : bas, vêtement qui couvre le pied et la jambe.
Chèchot : habitant d'Amanvillers, petit sac.
Chégé : changé-er.
Chégeans : changeons.
Chégeant : changeant.
Chégéaye : changée.
Chègrin : chagrin.
Chèheute : masure, chaumière
Chèmenaye : cheminée.
Chèmin : chemin.
Chéne : échine.
Chénèpan : chenapan.
Chénetré : gaufre.
Chèpé : chapeau.
Chèpite : chapitre.
Chèqu'in : chacun, chaqu'un.
Chèrcheu-s : cherchait-ez.
Chère : cher.
Chèritabe : charitable.
Chèsse : chasse.
Chèssiins : chassions-ez-aient
Chèssou : chasseur.
Chète : chat.
Chèvou : cheveux.
Cheu : chez, tombe; *j'a au cheu* : j'ai autant.
Cheur : tomber.
Cheurans : tomberons.
Cheureu-s : tomberait-ez.
Cheurons : tomberont.
Chevau : cheval.
Chèyins : tombions-ez-aient.
Chicanous : chicaneur.
Chich : six.
Chigieume : sixième.
Chin : chien.
Chiote : lieux d'aisances.
Chire : chaise.
Cholande : chalande.
Cholou : chaleur.
Choloune : chanoine.
Chousse : chose.
Chowe : cheveux.
Chu : suit.
Chugeant ou chujant : suivant
Chugeans : suivons.
Chugeu-s : suivait-ez.
Chure : suivre, sûr.
Churemant : assurément.
Chute : suite.
Cillié : couper le blé.
Cinquieume : cinquième.
Cite-céle : celui-ci.
Cite-èle : celui-là.

Cliant : client.
Cliare : clerc.
Cliariaye : éveillée, vive.
Cliarié : éveillé, vif.
Clié : clef.
Clièbaudé : clabaudé-er.
Cliélacé : petit lait.
Cliémance : clémence.
Cliére : claire.
Clieumant : clément.
Cliouins : fermions-ez-aient.
Co : encore.
Ço : ce.
Côche : court, courte
Côchu : tablier de femme.
Côdo : lien fait avec du chanvre ou du fer pour attacher les bestiaux par le cou.
Çolè, celè, c-lè : cela, ça.
Coleur : couleur.
Collète : calotte.
Comant, c-mant : comment.
Comancians : commençons.
Comancieu-s : commençait-ez.
Come : comme.
Comanciins, c-manciins, commencions-ez-aient.
Combéne : combien.
Conciance : concience.
Condanaye : condamnée.
Condané : condamné-er.
Condanans : condamnons.
Condaneu-s : condamnait-ez.
Conduheu-s ou *condujeu-s* : conduisait-ez.
Condut-e : conduit-e.
Condute : conduite.
Confessereu-s : confesserait-ez.
Conechu-owe : connu-e.
Conecheu-s : connaissait-ez.
Conechins : connaissions-ez-aient.
Conechowe : connue.
Confrarèye : confrérie.
Conoche : connaître.
Connot : connait.
Consèille : conseils.
Consolleusse : consolle. v.
Contantaye : contentée.
Contanté : contenté-er.
Contins : comptions-ez-aient.
Contrare : contraire.
Contrariins : contrarerions-ez-aient.
Contrè : contrat.
Convégnes : conviennent.
Convié : convient.
Core ou corre : courir, couler.
Corége : courage.
Corans : courons.
Coreu-s : courait-ez, coulait-ez
Corins : courions-ez-aient.
Cornète : coiffe de femme.
Corone : couronne.
Cortinet : court, se dit d'un homme.
Coru : couru, coulé.
Cotié : côté.
Cotte : jupe.
Cou : coup.
Couaroille : assemblée de causeurs.
Coucherans : coucherons.
Couchereu-s coucherait-ez.
Coûde : corde.
Couèchans : cachons.
Couècheu-s : cachait-ez.
Couèchotte : cachette.
Couèfaye : coiffée.
Couèfé : couèfé-er.

Couèrôme : carême.
Couèsse : sorte de prune.
Couète : quatre.
Couètoure : quatorze.
Couètrieume : quatrième.
Couin : coin, angle.
Couhians ou coujians : taisons.
Coûne : corne.
Cour : corps.
Coûte : côte.
Couté : couteau.
Couzi : quasi, presque.
Covéte : couverture, couvercle.
Covri : couvert.
Cowe : queue.
Cowyéne : partie de la femme, croupière.
Cozin : couzin.
Crane : hautin, fière.
Crégne : veillée ouvrière.
Crégnèye : chèvelure.
Créme : crême.
Creunes : croient.
Creuquenion : vase dans lequel on met du liquide.
Creureu-s : croirait-ez.
Creuvaye : crevée, morte.
Creuvé : crevé-er, mort.
Crèvète : cravate.
Crèyins : croyons-ez-aient.
Crowe : croue, jardin.
Crola : habitant de Norroy-le-Veneur.
Crounoulogie chronologie.
Crowaye : corvée.
Cruèlle : cruel.
Cuboulaye : culbutée.
Cuboulé : culbuté-er.
Cuhéne ou cujéne : cuisine.
Curious-e : curieux se.

D.

D' : de
Da : dès.
Daillé : c'est ainsi qu'on nomme l'action de donner des aubades aux fenêtres des veilleuses.
Dansié : dansé-er.
Dant : dent.
Darnié : dernier.
Darnière : dernière.
Dé : de.
Débocoraye : tachée de la petite vérole.
Débocoré : voyez *débocoraye*.
Débrolaye : chose défaite.
Débrolé : défait-re.
Déchande : descendre.
Décliariaye : déclarée.
Décliarié : déclaré-er.
Décorégeant : décourageant.
Décorégeu-s : décourageait-ez.
Décrès : décret.
Déchandowe : descendue.
Déchandu : descendu.
Défande : défendre.
Défandans : défendons.
Defandeu-s : défendait-ez.
Défansous : défenseur.
Défieu : dehors.
Défrut : rente, produit.
Dégeans : disons.
Dégeant : disant.
Dégeolé : dégelé-er.
Dégeoleré : dégèlera.
Dégotaye : dégoutée.
Dégoté : dégouté-er.
Dégraye : degrée, marche d'un escalier.
Déheus ou déjeus : disait, dites.

Déhins ou déjins : disions-ez-aient.
Déjè : déjà.
Déjuné : déjeuné-er.
Délé : près, proche.
Délèchiaye : délaissée.
Délèchié : délaissé-er.
Démandins : demandions-ez-aient.
Dèmége : dommage.
Démin-se : demis-e.
Démoraye : demeurée, restée.
Démoré : demeuré-er.
Démorans : demeurons.
Démoreu-s : demeurait-ez.
Dénavié : débarrassé-er.
Dépans : dépens.
Dépauillaye : dépouillée.
Depauillé : dépouillé-er.
Dépeu : depuis.
Dépouzians : déposons.
Dépouziant ; déposant.
Déprotans : déshabillons.
Déprotaye : déshabillée.
Déproté : déshabillé-er.
Déproteu-s : désabillait-ez.
Dés : des.
Déssambe : décembre. (mois).
Déssu : sur.
Détru : détruit.
Détrure : détruire.
Détrute : détruite.
Deue : doigt.
Deuillante : sensible.
Deunes : doivent.
Deurant : durant.
Dévant : devant, avant.
Dévé : ouvert.
Dévere : ouvrir.
Dévéré : ouvrira.
Dévéte : ouverte.
Deveu-s : devait-ez.
Dévèyans : ouvrons.
Dévèyeu-s : ouvrait-ez.
Dévins : devions-ez-aient.
Dévoraye : dévorée.
Dévoré : dévoré-er.
Devos : vers.
Dèyé : derrière.
Dézo : dessous.
Dézollaye : désolée.
Dézollé : désolé-er.
Diale : diable.
Diche : dix, dissent.
Dichieume : dixième.
Dieumanche : dimanche.
Dieumehole : servante.
Dines ou diches : disent.
Dira : dirai.
Dirans : dirons.
Direu-s : dirait-ez.
Disputans : disputons.
Disputeu-s : disputait-ez.
Disputins : disputions-ez-aient
Don : du.
Dongé : dangé.
Dotans : doutons.
Doteu-s : doutait-ez.
Doûe : dos.
Dous : deux, doux.
Douzieume : deuxième.
Doze : douze.
Drè : drap.
Drègon : dragon.
Dreume : dort.
Dreumans : dormons.
Dreumeu-s : dormait-ez.
Dreumins : dormions-ez-aient
Dreut : droit, debout.
Drossiant : dressant.

Droule : drôle.
Duch : dur.

E.

É : a. v. *L'é* : il a.
E : à prép.
Ebètte : abattre.
Ebit : habit.
Ecconte : à-compte.
Eccoure : accord.
Echeteu-s : achetait-ez.
Echetté : acheté-er.
Echetous : acheteur.
Echure : assure.
Echuriaye : assurée.
Echurié : assuré-er.
Ecliétaye : éclatée.
Ecliété : éclaté-er.
Ecouteusse : écouta, écoute.
Edouriins : adorerions-ez-aient.
Edreut : adroit.
Edrosse : adresse.
Edrossiaye : adressée.
Edrossié : adressé-er.
Egenoillaye : agenouillée.
Egenoillé : agenouillé-er.
Egotant : amusant, agréable.
Ele : elle.
Elemeu-s : allumait-ez.
Eliance : alliance.
Emabe : aimable.
Eme-s : aime-ent.
Emaye : aimée.
Emé : aimé-er.
Emeu-s : aimait-ez.
Emin : amie.
Emins : aimions-ez-aient.
Emorous-se : amoureux-se.
Emour : amour.
Emuzant-e : amusant-e.
Emuzeré : amusera.
Ene : une.
Enée : anneau.
Ennaye ; année.
Enut : aujourd'hui.
Epagneu-s : épargnait-ez.
Eprès : après.
Eprins-e : apprise.
Eprotaye : habillée.
Eproté : habillé-er.
Eproterans : habillerons.
Erangeans : arrangeons.
Erans : aurons.
Erant : écurie à porc.
Ereu-s : aurait-ez.
Erigot : haricot.
Erins : aurions-ez-aient.
Erivaye : arrivée.
Ergeant : argent.
Ermonek : almanach.
Erons : aurons.
Erozaye : arrosée.
Erozé : arrosé-er.
Erozerans : arroserons.
Escro : escroqueur.
Eskèrgot : escargot.
Espliénade : esplanade.
Essambliaye : assemblée.
Essé : assez.
Essieutaye : assise.
Essieuté : assis, asseoir.
Essieuteu-s : asseyait-ez.
Essistant : assistant.
Estoque : esprit, intelligence.
Estour : maintenant.
Etandins : attendions-ez-aient
Etandinses : attendissions-ez-aient.
Etandu : attendu.

Etaube : étable, écurie.
Ete : être.
Etèchaye : attachée.
Etèché : attaché-er.
Etréne : étrenne.
Etrèpans : attrapons.
Etrèpant : attrapant.
Etrèpaye : attrapée.
Etrèpé : attrapé-er.
Etu : été, *j'a ètu* : j'ai été.
Euche : petite porte.
Evance : avance.
Evanciaye : avancée.
Evancié : avancé-er.
Evans : avons.
Evenowe : avenue.
Event : Avent.
Evcu-s : avait-ez.
Evi : avis.
Evins : avions-ez-aient.
Evinses : eussions-ez-sent.
Evo : avec.
Evocat : avocat.
Evôs : partout, par-là.
Evos dèmon : partout, répandu, parsemé.
Evrie : avril. (mois d')
Evu : eut.
Evûle : aveugle.
Evuguéles : aveuglent.
Extraordinare : extraordinaie
Eyeuche : niais, bêta, nigaud.
Eyou-ce : où.

F.

Fare : faire.
Farot-e : fanfaron-ne.
Fat-e : fait-e.
Fau : faut, faux.
Fé : fer, fils, faim.
Féchetin : festin.
Fenéte : fenêtre.
Ferans : ferons.
Féré : fera.
Fèréne : farine.
Férins : ferions-ez-aient.
Fèsson : façon.
Féte : fête.
Feuillége : feuillage.
Feuvrié : février.
Fèvot : habitant de Fèves.
Fèvote : habitante de Fèves, féverolle plante.
Fèyans : faisons.
Fèyant : faisant.
Féye : fille.
Féyeu-s : faisait, faites.
Fèyins : faisions-ez-aient.
Fieu : hors.
Filipe : Philippe.
Finte : feinte, semblant.
Fliare : pue.
Fliarié : pué-er.
Flièau : fléau.
Flièé : fléau, instrument qui sert à battre le blé.
Fliètins : flattions-ez-aient.
Flioraye : fleurie.
Flioré : fleurir.
Fliori : fleuri.
Fliorissante : fleurissante.
Fliorré : fleurira.
Fochaye : fachée.
Foché : faché-er.
Folleu : fallait.
Follu : fallu.
Fome : femme.
Fon : font.
Foné oa forné : fourneau, poële.

Foú : fort, *èpoyeus foú* : appuiez fort.
Fouche : force.
Foué : foi.
Fouèblèsse : faiblesse.
Fouére : foire.
Fouérousse : adj. fém. foireuse, sorte de plante.
Foûne : fane, tige.
Four : fort.
Fource : voyez *fouche*.
Fourciémant : forcément.
Fourciaye : forcée.
Fourcié : forcé-er.
Fouyaye : otée.
Fouyé : oté-er.
Fras : frais, dépens.
Freud : froid.
Freumié : frémir-ir.
Fricot : met de viande.
Frikéssaye : fricassée.
Froche : frais, fraiche, humide
Fromaye : fermée.
Fromé : fermé-er.
Froteu-s : frottait-ez.
Frut : fruit.
Fu : feu.
Fuzi : fusils.

G.

Gabâ : gabare sorte de bateau.
Gaujua : gorge (partie intérieur).
Gean : gens, personne.
Geantie : gentille.
Générous-e : généreux-se.
Génin, genisse.
Genos : genou.
Giboulàye : giboulée.
Gliessire : glacière.
Glièsson : glaçon.
Glioricus-se : glorieux-se.
Gogote : Marguerite.
Golant : amant.
Golu : goulu, vorace.
Gombire : pomme de terre.
Gote : goute.
Gotero : avant-toit.
Governaye : gouvernée.
Governé : gouverné-er.
Gralle : collet de chemise.
Gré : grain : orge.
Grèche : graisse.
Gréille : grille.
Gréillaye : grillée.
Greillé : grillé-er.
Gricke : grise.
Grimèsse : grimasse.
Grous-se : gros-se.
Grullé : greloter, trembler.
Guèchenot : petit garçon.
Guèchon : garçon.
Guège : gage.
Guégne : gain.
Guégnaye : gagnée.
Guégné ou ouégné : gagné-er.
Guèille : chèvre.
Guérnin : grenier.
Guére : guerre.
Gueuleu-s : beuglait-ez se dit pour crier, pleurer, pop.
Guiche : guise.
Guillotinaye : guillotinée.
Guillotinins : guillotinions-ez-aient.

H.

Handlaye : balayée.
Handlé : balayé-er.
Handleu-s : balayait-ez.

Handlure : balai.
Hanri : Henry.
Hantaye : hantée.
Hateu-s : hatait-ez.
Haye : haie.
Hècherous-se : embarassant-te contrariant, etc.
Hèrdi-re : hardi-e.
Hèrdièsse : hardiesse.
Hérou (lou) : loup-garou.
Hèsseu : embarras, oportun.
Heutaye : heurtée, trébuchée.
Heuté : heurté-er, rencontrer, choquer.
Heurlubeurlu : pêle-mêle, parsemé.
Hodaye : lasse, fatiguée.
Hodé : las de fatigue, lasser.
Hognè : porc.
Holerosse : prune printanière.
Home : Heaume (rue du).
Hontous-se : honteux-se.
Hoquéyot : hoquet.
Hoquéyote : petite hottée.
Hote : hotte.
Hotaye : hottée.
Houyaye : appelée, grondée.
Houyé : appellé-er, gronder.
Houyeu-s : appelait-ez.
Houyins : appelions-ez-aient.
Hulins : hurlions-ez-aient.

I.

I-s : il-s.
Imége : image.
In ou inq : un.
Ipotègue : hypothèque.

J.

Jé : je, et nous quand il joint à la 1re personne du pluriel.
Jè : déjà.
Jèdins : jardin.
Jèmas : jamais.
Jèrguéne : langage surperflu.
J'ettaye : jettée.
J'etté : jetté-er.
Jétcu-s : jetait-ez.
Jeumelé : gémir.
Jeuve : givre.
Jo : jours.
Jolaye : gellée.
Jonau : journal.
Jonaye : journée.
Jone : jeune, oiseau.
Jonèsse : jeunesse.
Jornaye : ce que peut contenir un tablier.
Joyous-se : joyeux-se.
Ju : jeux.
Jun : juin (mois de).

K.

Kar : quart.
Kége : cage.
Kègnat : cagnard.
Kegnot : coin, angle.
Kèr : car.
Kèrèsse : carèsse.
Kèrèssaye : caressée.
Kèrèssé : caressé-er.
Kèssé-aye : cassé-ée.
Kètenome : Cattenom, qourg près de Thionville.
Keuvé : cuveau.
Kieur : cœur.

L.

L' : il, elle, ils, elles.
L'é : il ou elle a.
L'o : il ou elle est.

L'on : ils ou elles ont.
Lâ : laisse, lait.
Laché-aye : laché-ée-er.
Lacé : lait.
Lanciou : Lancieu. (rue du)
Lânes : laissent.
Languége : langage.
Lè : la.
Lècè : lacet.
Lèchié-aye : laissé-ée-er.
Lés : les.
Leumire : lumière, lampe.
Leune : lune.
Lèyans : laissons.
Lèyant : laissant.
Lèyé-aye : voyez *lèchié*.
Lèyeu-s : laissait-ez.
Lèyins : laissions-ez-aient.
Li : lui, lit.
Librare : libraire.
Lincieu : drap de lit.
Liquidacion : liquidation.
Live : livre, franc, 500 gr.
Lieu ou liyieu-s : lieu, liait-ez.
Lo : le.
Lon : loin.
Londemé : lendemain.
Longe : long, longue.
Longevèlle : Longeville, village près de Metz.
Lontamp : longtemps.
Lorion : habitant de Lorry.
Lotte : lettre.
Louè : loi.
Lougemant : logement.
Lougis : logis.
Louréne : Lorraine.
Lourgneu-s : lorgnait-ez.
Louri : Lorry, (village).
Lou, louz : leur, loup, leurs.
Lu : lui.
Lunotte : lunette.

M.

Majourité : majorité.
Maleureu-s-se : malheureu-x-se.
Mancion : semblant, simulant.
Manre : mauvais-e.
Manté : manteau.
Manti (jé) : je mens.
Mare : Maire.
Marrosse : femme du Maire.
Marseillière : marseillaise,
Mâs : mais.
Mâte : maître.
Matrosse : maitresse.
Mau : mal.
Maudissins : maudissions-ez-aient.
Maugré : malgré.
Maye : mai, (mois de) maladie d'yeux.
Me, mé : signifiie pas, quand il précède un verbe ou un adverbe.
Mé : moi.
Mée : main.
Méche : manche d'outil, etc.
Méchotte : manche, partie du vêtement où l'on met le bras.
Médizant-e : médisant-e.
Mégerans : mangerons.
Mégereu-s : mangerait-ez.
Méillous : meilleur.
Méjins : mangions-ez-aient.
Méme : même.
Ménége : ménage.
Ménèsse : menace.
Ménèssié-aye : menacé-ée-er.

Ménut : minuit.
Mèrchand-e : marchand-e.
Mèrche : marche.
Mèrché : marché-er.
Mére : mère.
Mèriaye : mariée.
Mèrie ou Mèyote : Marie.
Mèrié : marié-er.
Mèriége : mariage.
Mèrionnètte : marionnette.
Mèrmot : marmot.
Mèrtin : Martin.
Mèskèrade : mascarade.
Mèsse : Metz. (ville de)
Mètenaye : matinée.
Méti : métier.
Métrèsse : maitresse.
Meulerins : mirerions-ez-aient
Meuri : mourir,
Meurra : mourrai.
Meussié-aye : bloti.
Mèyance : Mayence. (ville de)
Mezèlle : Moselle. (rivière)
Miaweu-s : miaulait-ez.
Mieu : mieux.
Min : mis, mise.
Mirèque : miracle.
Mitan : moitié, milieu.
Mizérabe : misérable.
Mo : mot, ma.
Mo ou mo-n : mon,
Mochot : moineau.
Mochu : mouchoir.
Mohon ou mojon : maison.
Molaye : mélange.
Molcur ou molour : malheur.
Molin-e : méchant-e.
Molin molâ : pêle-mêle.
Mollin : moulin.
Moman : maman.
Momant, moment.
Mones : mettent.
Montère : montre, v. montrer.
Monteu-s : montait-ez.
Mordi : ma foi, dame!
Mosieu : Monsieur.
Mosse : messe.
Mot : met, v. mettre.
Motin : église.
Moton : menton, lait caillé.
Motrâ : mettrai.
Motte ou mote : mettre.
Motusse : interdit, dans l'inaction.
Mou : beaucoup.
Moude : mode.
Moûe : mort.
Moué : mois, moins.
Mouéné-aye : mène-ée-er.
Mouétié : moitié.
Moyé-ne : moyen-ne.
Mûnin-ire : meunier-ière.

N.

N'é : nous a
Nacion : nation.
Ne : nous, quand il est après le verbe.
Né, *Ne* : nez, ne.
Nètte : net.
Neur : noir.
Nevous : neveu.
Nèxirowe : Nexirue (rue).
Nian! : non.
Nian : il y en a.
Nié : il y a,
Nièré : il y aura.
Nieuv : neuf, neuv.
Nieuvieume : neuvième.
Nièveu : il y avait.

Niméro : numéro.
Nomé-aye : nommé-ée-er.
Noméne : niais-e.
Nomera : nommerai.
Nônau : homme sans érudition, sans fermeté.
Nônc : midi.
Nonom : oncle.
Nos : nous, nos.
Not-e : on nomme ainsi quelqu'un dont on plaint le sort.
Notare : notaire.
Note : notre.
Nove : neige.
Nové : nouveau.
Novèlle : nouvelle.
Noveré : neigera.
Nowe : nue, noue, v. nouer.
Nowoué : Noël, noué-er.
Nowyon : noyau.
Noyins : noyons-ez-aient.
Nuége : nuage.
Nure : nuire, nourrir.
Nuri : nourri-r.
Nut : nuit.
Nutaye : nuit (une).

O.

O : est, *l'o* : il est.
Occazion : occasion.
Oce : os.
Ofant : enfant.
Ogroussemant : heureusement
Ollans : allons.
Ollé : allé-er.
Ollemand : allemand.
Olleu-s : aillait-ez.
Ollins : allions-ez-aient.
Ollure : allure.
Omare : armoire, buffet.
Ombe : ombre.
Ome : homme.
Oncliin : oncle.
Onéte : honnête.
Oneur ou *onou* : honneur.
Optau : hôpital, hospice.
Oroille : oreille.
Oteu-s : était, êtes.
Otins : étions-ez-aient.
Oua : guère, peu.
Ouade : garde.
Obligé-aye : obligé-ée-er.
Oué : voit, *i oué* : il voit.
Ouëca : caillou.
Ouégné-aye : gagné-ée-er.
Ouénes : voient.
Ouëpi : Woippy (village de).
Ouërpoille : habit[t] de Woippy.
Ouëléne : vilnie, ordure.
Ouëyeu-s : voyait-ez.
Ouëyeusse : vit (qu'il).
Ouëyin : saison d'automne.
Ouëyins : voyons-ez-aient.
Ouï ou *oï* : entendu.
Ouïr ou *oïr* : entendre.
Ourde : ordre.
Ourdinare : ordinaire.
Oure : heure, or.
Ouye : entend, v.
Ouzeu-s : osait-ez.
Ovrans : travaillons.
Ovrant : travaillant.
Owe : eau.
Owouage : breuvage, sorte de manger que l'on donne aux bestiaux.
Owoué-èr : avoir.
Owouéne : : avoine.

P.

Pâ : part, quote-part.
Pâche : paix.
Paciant : patient.
Pâlans : parlons.
Pâlé : Parlé-er.
Palége : parlage.
Paleré : parlera.
Paleu-s : parlait-ez.
Palins : parlions-ez-aient.
Palous : pâleur.
Pande : pendre.
Pandeu-s : pendait-ez.
Pandins : pendions-ez-aient.
Pandowe : pendue.
Pandrans : pendrons.
Panre : prendre.
Panrans : pendrons.
Panrons : prendront.
Pansaye : pensée.
Pansé : pensé-er.
Panseu-s : pensait-ez.
Pansionare : pensionnaire.
Pansins : pensions-ez-aient.
Pare : paire.
Parlemant : parlement.
Paroli : parole, langage.
Pe ou *po* : pour.
Pé : pain
Pè ou *pë* : par.
Péchoune : personne.
Péde : perdre.
Pèï : pays.
Peillé-aye : pillé-ée-er.
Pèïzant : paysan.
Pélè ou *pe lè* : par là.
Péne : poutre.
Pèrade : parade.
Pèrant : parent.
Pére : père.
Pèrmot : permet.
Pérneu-s : prenait-ez.
Pèris : Paris (ville de).
Pèrlèye : seule.
Pèrlu ou *pèr lu* : seul.
Pérnins : prenions-ez-aient.
Pèroïlle : pareille.
Pérolle : parole.
Pèrtègé-aye : partagé-ée-er.
Pèrtègerans : partagerons.
Pèrteu-s : partait-ez.
Pès : pas, mouvement de l'homme.
Pèsqué : parceque.
Pèssaye : passée, la marque d'un pas.
Pèssé : passé-er.
Pèsseu-s : passait-ez.
Pét : peut ; *pét éte* : peut-être.
Péte : perte.
Petiot-e ou p-tiot-e : petit-e.
Peuchereu-s : pisserait-ez.
Peudowe : perdue.
Peudrins : perderions-ez-aient
Peudu : perdu.
Peut-e : vilain-e, laid-e.
Peuchié-aye : pissé-er-pissure
Pèyé-aye : payé-ée-er.
Pèyeré : paiera.
Peyereu-s : paierait-ez.
Pèyous : payeur.
Pézant : pesant, lourd.
Pié : pied.
Pière : Pierre.
Pière-Herdaye : Pierre-Hardie.
Pieu : peut.
Pieunes : peuvent.
Pinsieu-s : Pinsait-ez.

Pliadéyemant : cause, débat.
Pliadié-aye : plaidé-ée-er.
Pliadieu-s : plaidait-ez.
Pliageant, *pliahant*, *pliajant* : plaisant agréable.
Pliaheu-s ou pliajeu-s : plaisait-ez.
Pliahi ou pliaji : plaisir.
Plianchi : plancher.
Pliante : plante.
Pliante-aye : planté-ée-er.
Pliare : plaire.
Pliégnant : plaignant.
Pliéne : plaine.
Pliénes : plaignent.
Plièsse : place.
Plièssiè-aye : placé-ée-er.
Pliètevèlle : Plappeville (village de).
Plieu : pleut.
Plieumaye : plumée.
Plieumon : plumon.
Pliouve : pluie.
Plieuvious : pluvieux.
Plu : pu v.
Po ou por : pour.
Poché ou p-ché : pourceau.
Poleur ou p-leur : pouvoir.
Popaye : poupée.
Popié : papier.
Porchut : poursuit.
Porchure : pousuivre.
Porchute : poursuite.
Portant : pourtant, cependant
Porvu : pourvu.
Pos-e : épais-e.
Posqué : puisque.
Pósse : poste, diligence.
Potans : portons.
Potant ou p-tant : partant.
Potau : poteau.
Poteu-s : portait-ez.
Portins ou p-tins : portions-ez-aient.
Potrénote : patrenôtre.
Poûe : peu.
Poué : point, poid, pois.
Pouéne : peine.
Pouére : poire.
Pouétiéfreud : rue Pontiffroy.
Poure : pauvre.
Pourichinèle : polichinelle.
Poussié-aye : poussé-ée-er.
Poussire : poussière.
Poute : porte.
Powe : peur.
Précèptous : percepteur.
Prédiksion : prédiction.
Préte : prêtre, curé.
Preuché : prêché-er.
Preufit : profit.
Preufiteu-s : profitait-ez.
Preumin : premier, promis.
Preumotins : promettions-ez-aient.
Preumouéné-aye : promené-ée-er.
Preupèré-aye : préparé-ée-er.
Preupoûe : propos.
Preute : prète.
Prézant : présent.
Présidant : président.
Prèye : prie.
Prihon ou prijon : prison.
Priinses : prissions-ez-ent.
Prin-se : pris-e.
Prinserèye : princerie.
Pris : prix.
Procurous-se : procureur-atrice.

Protèxte : prétexte.
Proucé : procès.
Proujèt : projet.
Proûne : prône, persistance.
Proupice : propice.
Proupriété : propriété.
Proutègeu-s : protègeait-ez.
Prouve : preuve.
Prouvidance : providence.
Prunin : prunier.
Pu : puis, plus.
Puhance : puissance.
Puraye : pourie.
Puri : pouri.
Putâ : plus tard.

Q.

Qué, qu' : que, qui, qu'il quand il est devant un verbe
Què : quoi.
Quégnot : coin, angle.
Quèque : quelque, quelle que.
Quèrante : quarante.
Quèranténe : quarantaine.
Quère : chercher.
Quèrtié : quartier.
Quètin : catin.
Queuche : cuisse.
Quites : quitent.
Quouétin : quentin.

R.

Racliure : ratissage, terme de mépris.
Rambrèssiaye : embrassée.
Rambrèssié : embrassé-er.
Rambrèssiins : embrassions-ez-aient.
Ramp-té-aye : remporté-ée-er.
Ramp-tereu-s : emporterait-ez
Randeu-s : rendait-ez.
Rangé-aye : arrangé-ée-er.
Ranjoye-s : réjoui-ssent.
Ranjoyé : réjouir.
Rauge : rouge.
Rauviaye : oubliée.
Rouvié : oublié-er.
Rauvieu-s : oubliait-ez.
Rèborous : laboureur.
Rèchaufié-aye : rèchaufé-ée-er
Réche : riche.
Rèche : reste.
Réchégé-aye : rechangé-ée-er.
Récieurons : recevrons.
Réclin ou requéillu : espèce de petit cuveau qui sert à recueillir le vin.
Rècokié-aye : recueillie, habillée.
Récomandé-aye : recommandé-ée-er.
Réconechance : reconnaissance
Réconté-aye : raconté-ée-er.
Refat : refait, recommencer.
Rèflèksion : réflexion.
Réhin ou rejin : raisin.
Régandéne : rigandaine.
Rékeulé-aye : reculé-ée-er.
Rélèvé-aye : relavé-ée-er.
Rémèrcians : remercions.
Rémèrqueu-s : remarquait-ez.
Remèsse : ramasse.
Rèmèssié-aye : ramassé-ée-er.
Rémontinses : augmentassions-ez-ent.
Renâ : renard.
Renèdé : rendre ce que l'on a mangé.
Rénomaye : renommée.

Renovelaye : chose dont on a déjà parlé.
Réouate : regarde.
Reonatié-aye : regardé-ée-er.
Réouatins : regardions-ez-aient.
Répagié-aye : apaisé-ée-er.
Rèpagieu-s : apaisait-ez.
Rèpande : répandre.
Répannes : répandent.
Rèpelins : rapellions-ez-aient.
Repi : délai.
Répoû : repos.
Répouzieu-s : reposait-ez.
Rès : rat.
Rësséne : collation après le souper.
Rësséné-aye : faire lacollation.
Rëssone : ressemble.
Rëssonné : ressembler.
Rétenans : retenons.
Rétenin : retenir.
Rétié : retient.
Retra : retiré. (un).
Reu : roi.
Révande : revendre.
Révandrèye : ravauderie.
Revé : *(an)* en arrière.
Révégnes : reviennent.
Revénans : revenons.
Révenin : revenir, revenu.
Réveur : revoir.
Révié : revient.
Rèzeu-s : rasait-ez, raclait-ez.
Ri : rie v.
Rié : rien.
Rieu-s : riait-ez.
Ricue : roue.
Rines : rient.
Rondiot : danse à la chaîne.
Rossaye : rossée, coup.
Rôte : route.
Rouaye : rouée, débauchée.
Roube : robe.
Rouële : ruelle, roue de charrue.
Roûsse : rose.
Routé-aye : oté-ée-er.
Routeu-s : otait ez.
Routinses : otassions-ez-ent.
Routouéne : routine.
Rowe : rue.
Rozaye : rosée.
Rozieulles : Rozérieulles.
Ru : ruisseau.
Runé-aye : ruiné-ée-er.

S.

Sabe : sabre.
Sacreumant : sacrement.
Sahon ou sajon : saison.
Sambliabe : semblable.
Santeu-s : sentait-ez.
Santré : sentira.
Sarmant : serment.
Sarmotte : bois de vigne.
Saunin : Saulny. (village de)
Sauniot : habitant de Saulny.
Sautou : sauteur.
Sauvé-aye : sauvé-ée er.
Se : se, son.
Sè : sa.
Sé : sait (il).
Sèbè : sabbat.
Sécoru-owe : secouru-e.
Sefat-e : pareil-le.
Sége : sage.
Selo : soleil.
Semè e : semie, semaille.
Sénes : savent.

Séquant : beaucoup.
Serans : serons.
Serè : sera.
Serihe ou serige : cerise, fruit.
Sérhi ou seriji : cerisier.
Serins : serions-ez-aient.
Serve : sért v.
Servi-aye : servi-e v.
Servirins : servirions-ez-aient
Sés : ses.
Sètieume : septième.
Seu : soit v. être.
Seûl : seigle.
Seur : soir.
Sèvant : savant.
Sèveu-s : savait-ez.
Sèvu : su v. savoir.
Siéne : sien-ne.
Sifa ou s-fa : l'opposé de non.
Sins : soyons-ez-ent·
So : son, se; *so-n* quand il est devant un mot qui commence par une voyelle.
Sofrance : souffrance.
Sohadié-aye : souhaité-ée-er.
Sohadieu-s : souhaitait-ez.
Solé : soulier.
Solègé-aye : soulagé-ée-er.
Solemant : seulement.
Sollé-aye : salé-ée-er.
Sôme : sommeil.
Sope : soupe.
Sorire : sourire.
Sote : sept, folle.
Sotenin-s : soutenir, soutenions-ez-aient.
Soti : à la maison.
Soû : soûl, ivre.
Soudar : soldat.
Soudarrosse : soldatesse.
Sour : sort, destinée.
Sourcié : sorcier.
Sourpélin : surplis.
Sourte : sort, v. sortir, sorte.
Sourteusse : sorte. (qu'il)
Sourti : sortir.
Sous : pièce de cuivre.
Sous (aus) : à ceux.
Sous (dés) : de ceux·
Sou (don) : de celui.
Son (lè) : celle.
Sous (lés) : ceux, celles.
Sou (lo) : celui.
Sovant : souvent.
Soveneu-s : souvenait-ez.
Sovenin : souvenir.
Sovenins : souvenions-ez-aient
Sovèreu-s : souviendrait-ez.
Soze : seize.
Su : suis, sur.
Surtot : surtout.

T.

Tâ : tard.
Tamp : temps.
Tandeu-s : tendait-ez.
Tantoû : tantôt.
Tâte : sorte de gateau.
Tauille : table.
Té : tu.
Tè : ta.
Té, tér : repose-er.
Tèfetèfe : mouvement du cœur
Téneu-s : tenait-ez.
Tepin : pot de terre ou de fer
Tèrau : monceau de terre.
Tére : terre.
Tèreu-s : tiendrait-ez.
Tés : tes.
Thionvèlle : Thionville (ville)

Ti : toit, toiture.
Timbale : cymbale.
Tiosse ? qui ?
Tiran : tiroir.
Tô : tour (un ou une).
Tojo : toujours.
Tolè: là.
Toplié : beaucoup.
Toque : tronc d'arbre, balai usé.
Torto : tous, tout.
Tortu : tous.
Tos : tous.
Tossé : ici, Toussaint.
Tot-e : tout-e.
Toû : tôt.
Toué-aye : tué-ée-er.
Touné-aye : tourné-ée-er.
Tounerans : tournerons.
Touneu-s : tournait-ez.
Tour : tort.
Tourché-aye : torché-ée-er.
Tourchins : essuyons-ez-aient
Toûtowe : tortueuse, tortu.
Toûtu : tortueux.
Tramblieu-s : tremblait-ez.
Trante : trente.
Trantran : issue.
Tranyé-aye : étranglé-ée-er.
Trare : traire.
Tras : traits.
Trate : le lait que donne la vache chaque fois qu'on l'extrait de son pis.
Tré : paille.
Trénié-aye : traînée-ée-er.
Treucié-aye : troussé-ée-er.
Trèyin : train (il est en).
Treuvé-aye : trouvé-ée-er.
Treuzieume : troisième.
Trèvé : travers.
Trèveillé : travailler.
Treuche ou treus : trois.
Treuversé-aye : traversé-ée-er
Treuverseu-s : traversait-ez.
Treuverans : trouverons.
Treuveront : trouveront.
Trézour : trésor.
Trimazos : chansons et danse que les jeunes filles font le premier dimanche de mai.
Trinsié : seringué-er.
Tro : trop.
Tropé : troupeau.
Troû : trou.
Troûne : trone.
True : truie, femelle du porc.
Tudeu-s : tordait-ez.
Tudu-owe : tordu-e.

U.

Ute : huit.
Utieume : huitième.
Uvére : hiver.
Uzége : usage.

V.

V' : vous.
Vâ : vais *jé vâ* : je vais.
Vand : vends ; *jé vands*.
Vandôme : vendange.
Vandomié-aye: vendangé-ée-er
Vandreu-s : vendrait-ez.
Vannes : vendent.
Vante : vente, ventre.
Vaû : vaut. (il)
Vauré : vaudra.
Vé : vous, veau, jeune de la vache.
Vèche : vache.

Vèché : vase, pot à lait.
Végne-s : vigne, viennent.
Velè ou v-lè : voilà.
Vélége : village.
Vélle : ville.
Véneu-s : venait-ez.
Véquans : vivons.
Véquant : vivant.
Véque : vit.
Vérans : irons.
Vèré : viendra.
Vèreu-s : irait-ez.
Vèreu-s : viendrait-ez.
Véssèye : vessie.
Veur : voir.
Veuré : verra.
Veureu-s : verrait-ez.
Vèye : vie.
Vézége : visage.
Viare : figure.
Vicmant : promptement,
Victouère : victoire.
Vié : vient.
Viésse : vieux.
Vieu : veut. (il)
Vieunes : veuillent.
Vénin : venir.
Vinsant : Vincent.
Vint : vingt.
Vive : vif, vive, vivre.
Vizite : visite.
Voce : voici.
Voillaye : veillée.
Voille : veille.
Volans ou v-lans : voulons.
Volaye : vollée.
Voleu-s : valait-ez.
Volins ou v-lins : voulions-ez-aient.
Volle : voici.
Volu ou v-lu : voulu.
Vons : vont.
Voré ou vauré : vaudra.
Vos : vos, vous.
Vote : votre.
Vouè : voix.
Voureu-s : voudrait-ez.
Vourins : voudrions-ez-aient.
Vouté-aye : voté-ée-er.
Voutinsses : votassions-ez-ent
Voutrins : votrions-ez-aient.
Vozenotte : valentine, fille qu'on désigne à un jeune homme le jour des brandons.
Vra : vrai.
Vrans : irons.
Vrèmant : vraiment.
Vudié-aye : vidé-ée-er.

Z.

Zous, *zoute* : leur, eux, elles.

Additions et corrections.

Anchowté-aye, qui a les cheveux mal arrangés, qui en a beaucoup.
Anhèvé, enlever avec les bras ce qui repose sur le sol.
Angomiché, prendre, voler avec adresse.
Ansue, mal disposé, éloigné, etc.
Bâhure, endroit ou deux pains se sont touchés au four.
Bagnole, calèche, cabriolet.
Beuyâte, parc non coupé, *lisez* porc, etc.
Chècran, potence, gibet.
Chèmote ou *chèmehote*, chemisette.
Chirèye (*fare dés*), faire de l'importance.
Clio, nœud coulant.
Crauque (è), rester ou reposer bien haut; voyez *éjoké*.
Déhauzelé, voyez *haulifé*.
Egliote, petit morceau de ruban qu'on distribue aux habitants d'un village, le jour de la fête patronale.
Epieu, suggestion.
Erluré-aye, qui est rusé, qui connaît l'usage du monde.
Fautréillé, tripoter.
Gambe, enjambée.
Gripauillate (è lè), à la volée, etc.
Hë, enjambée.
Hèrgancié, qui est balloté, etc.; *suppr*. Enfant pétulant, etc.
Hèrpauillé, arracher, tirer, prendre avec violence.
Honque; cheval étalon.
Keuvéille (*haune*), lisez *hausse keuvéille*.
Leumechon, mèche d'une lampe.
Meuche, humidité, temps des pluies, *lisez* humide.
Moltrée, lisez *mottrée*.
Ochné, ourler, *ochné-aye*, qui est ourlé.
Pèyure, paiement.
Popéilleur ou *poquète*, petite vérole.
Rafié-aye, qui est emporté ou enlevé promptement.
Rétaunaye, rubrique, ruse.
Riviaye, ruban qui marque l'honneur d'un dignitaire.
Sécorauille, secourable.

Sinsgnion, grillon ; — saucis, *lisez* soucis.
Tèvelo, qui s'est ressenti de la chaleur du feu, qui est devenu mou.
Toûnisse, qui a des étourdissements.
Trauché-aye, qui a pullulé ; se dit des plantes.
Véchoû, putois.

VERBES AUXILIAIRES.

INDICATIF.

PRÉSENT.

(*Avoir.*)	(*Être.*)
J'a.	J'o ou jè su.
T'é.	T'o.
L'é.	L'o.
J'èvans.	J'otans.
V'èveus.	V'oteus.
L'èvons ou l'on,	L'otons ou is sons.

IMPARFAIT.

J'èveu.	J'oteu.
T'èveu.	T'oteu.
L'èveu.	L'oteu.
J'èvins.	J'otins.
V'èvins.	V'otins.
L'èvins.	L'otins.

PARFAIT DÉFINI.

Inusité.	*Inusité.*

PARFAIT INDÉFINI.

J'a èvu.	J'a ètu.
T'é èvu.	T'é ètu.
L'é èvu.	L'é ètu.
J'èvans èvu.	J'èvans ètu.
V'èveus èvu.	V'èveus ètu.
L'èvons èvu ou l'on èvu.	L'èvons ètu ou l'on ètu.

PARFAIT ANTÉRIEUR.

Inusité.	*Inusité.*

PLUS-QUE-PARFAIT.

J'èveu èvu.	J'èveu ètu.
T'èveu èvu.	T'èveu ètu.
L'èveu èvu.	L'èveu ètu.
J'èvins èvu.	J'èvins ètu.
V'èvins èvu.	V'èvins ètu.
L'èvins èvu.	L'èvins ètu.

FUTUR.

J'èra.	Jé sera.
T'èré.	Té seré.
L'èré.	I seré.
J'èrans.	Jé serans.
V'èreus.	Vé sereus.
L'èrons.	Is serons.

PASSÉ.

J'èra èvu.	J'èra ètu.
T'èré èvu.	T'èré ètu.
L'èré èvu.	L'èré ètu.
J'èrans èvu.	J'èrans ètu.
V'èreus èvu.	V'èreu ètu.
L'èrons èvu.	L'èrons ètu.

CONDITIONNEL.

PRÉSENT.

J'èreu.	Jé sereu.
T'èreu.	Té sereu.
L'èreu.	I sereu.
J'èrins.	Jé serins.
V'èrins.	Vé serins.
L'èrins.	Is serins.

PASSÉ.

J'èreu èvu.	J'èreu ètu.
T'èreu èvu.	T'èreu ètu.
L'èreu èvu.	L'èreu ètu.
J'èrins èvu.	J'èrins ètu.
V'èrins èvu.	V'èrins ètu.
L'èrins èvu.	L'èrins ètu.

IMPÉRATIF.

Aye.
Achans.
Acheus.

Seu.
Sins.
Sins.

SUBJONCTIF.

PRÉSENT.

Qué j'aye.
Qué t'aye.
Qué l'aye.
Qué j'achins.
Qué v'achins.
Qué l'achins.

Qué jé seu.
Qué té seu.
Qu'i seu.
Qué jé sins.
Qué vé sins.
Qu'is sins.

IMPARFAIT.

Qué j'èveusse.
Qué t'èveusse.
Qué l'èveusse
Qué j'èvinsses.
Qué v'èvinsses.
Qué l'èvinsses.

Qué jé feusse.
Qué té feusse.
Qu'i feusse.
Qué jé finsses.
Qué vé finsses.
Qu'is finsses.

PARFAIT.

Qué j'aye èvu.
Qué t'aye èvu.
Qué l'aye èvu.
Qué j'achins èvu.
Qué v'achins èvu.
Qué l'achins èvu.

Qué j'aye ètu.
Qué t'aye ètu.
Qué l'aye ètu.
Qué j'achins ètu.
Qué v'achins ètu.
Qué l'achins ètu.

PLUS-QUE-PARFAIT.

Qué j'èveusse èvu.
Qué t'èveusse èvu.
Qué l'èveusse èvu.
Qué j'èvinsses èvu.
Qué v'èvinsses èvu.
Qué l'èvinsses èvu.

Qué j'èveusse ètu.
Qué t'èveusse ètu.
Qué l'èveusse ètu.
Qué j'èvinsses ètu.
Qué v'èvinsses ètu.
Qué l'èvinsses ètu.

INFINITIF.

Acheur ou owère. | Été.

PARTICIPE.

Achant ou owant. | Otant.

www.ingramcontent.com/pod-product-compliance
Lightning Source LLC
LaVergne TN
LVHW010038230826
846091LV00005B/1757